JN441005

AI로 뚝딱
자서전 쓰기 도전

AI로 뚝딱 자서전 쓰기 도전

1판 1쇄 인쇄_2026년 1월 15일
1판 1쇄 발행_2026년 1월 20일

지은이_가재산·김영희·김연욱
펴낸이_홍정표

펴낸곳_글로벌콘텐츠
등록_제25100-2008-000024호

공급처_(주)글로벌콘텐츠출판그룹
대표_홍정표 이사_김미미 편집_백찬미 남혜인 홍명지 권군오
디자인_가보경 기획·마케팅_홍민지
주소_서울특별시 강동구 풍성로 87-6 전화_02-488-3280 팩스_02-488-3281
홈페이지_www.gcbook.co.kr 메일_edit@gcbook.co.kr

값 19,800원
ISBN 979-11-5852-621-4 03190

AI로 뚝딱 자서전 쓰기 도전

가재산·김영희·김연욱 지음

글로벌콘텐츠

서문

인류 역사에서 글쓰기는 늘 특별한 재능을 가진 사람들의 전유물이었습니다. 동굴 벽화를 그리던 시대부터 파피루스에 글을 새기던 시대를 거쳐 인쇄기가 발명되고 컴퓨터가 등장한 지금까지 글쓰기는 늘 '할 수 있는 사람'과 '할 수 없는 사람'을 나누는 선이었습니다.

하지만 2023년 기점으로 모든 것이 바뀌었습니다. 인공지능 특히 ChatGPT의 등장으로 5,000년 글쓰기 역사상 가장 극적인 전환점을 맞이한 것입니다. 이제 글쓰기는 더 이상 소수의 특권이 아니며 누구나 글을 쓸 수 있는 호모스크립투스Homo scriptus 시대가 되었습니다.

지난 10여 년간 80여 차례의 '디지털 책쓰기 교육'을 진행했습니다. 주로 책과 글쓰기가 처음인 시니어분들이 참여했습니다. 그 과정에서 책쓰기를 지원하기 위해 저자, 작가, 출판사, 디자이너 등이 모여 'AI책쓰기코칭협회'를 만들었고 150권 이상의 책이 세상에 나왔습니다.

그중 대부분은 평생 한 번도 책을 써보지 않았던 분들의 작품이었습니다. 나이도 일흔, 여든이 넘은 시니어분들이 대부분이었습니다. 컴퓨터는 물론이고 스마트폰을 제대로 다루지 못하는 컴맹이자 폰맹

이셨습니다. 어떤 분은 “나는 초등학교도 제대로 못 나왔어요”라고 말씀하셨습니다.

하지만 그분들은 해냈습니다. 한 권, 두 권, 자신의 이야기를 책으로 엮어냈습니다. 가장 기쁘고 보람찬 순간은 “나는 글을 써본 일이 없어요”라고 하시던 분들이 완성된 책을 손에 들고 환하게 웃으시는 모습을 볼 때였습니다. 그분들이 성공한 비결은 단순했습니다. ‘나도 할 수 있다’는 믿음이 있었고, 그 믿음을 현실로 만들어줄 실용적인 방법이 있었기 때문입니다. 이제 AI라는 놀라운 협력자가 생겼습니다. 문턱은 그 어느 때보다 낮아졌습니다.

아프리카 속담에 이런 말이 있습니다. “노인 한 명이 죽으면 도서관 하나가 불타는 것과 같다.” 시니어 세대에게는 평생 축적한 지혜, 경험, 통찰이 있습니다. 전쟁을 겪으신 분도 계시고 산업화를 온몸으로 경험하신 분도 계십니다. 가난을 이겨내며 질곡 같은 삶을 살아낸 분도, 자식을 키우며 희생하신 분도 계십니다.

지금의 시니어 세대는 대한민국 역사의 산증인입니다. 폐허에서 시작해 세계 10위권 경제 강국을 일구어 냈습니다. 독재에 맞서 민주주의를 쟁취했으며 무에서 유를 창조해 낸 기적의 세대입니다. 이

분들의 경험과 지혜는 개인의 가족사를 넘어 국가적 자산이며 후세대가 반드시 배워야 할 역사적 교훈입니다. 자서전 쓰기는 단순히 개인의 추억을 정리하는 일이 아닙니다. 이것은 한 시대를 기록하고, 국가와 사회에 소중한 유산을 남기는 일입니다. AI를 활용한 쉬운 자서전 쓰기가 시니어들 사이에 하나의 문화 열풍이 되길 기대합니다.

이 책을 쓰면서 한 가지를 염두에 두었습니다. 따라 하기만 하면 바로 '실천 가능하다'는 것입니다. 이론만 늘어놓는 책이 아니라, 오늘 당장 시작할 수 있는 책. 컴퓨터를 잘 모르는 분도, 글에 자신이 없는 분도 따라 할 수 있는 책. 모든 설명을 최대한 쉽고 친절하게 이야기식으로 풀어썼습니다.

이 책의 특별함은 단계별 실습에 있습니다. 챕터를 읽어가며 상세한 AI코치가 제시하는 프롬프트를 하나씩 따라 하다 보면 어느새 여러분 앞에 자서전 초안이 완성되어 있을 것입니다. 그리고 그것을 다듬고 완성해 나가는 과정도 제시하여 친절하게 안내합니다. 이것이 바로 AI 시대 글쓰기가 갖는 특별한 가치입니다.

디지털 월드행 열차는 이미 출발했습니다. 컴퓨터나 스마트폰을 모르면 '컴맹'이나 '폰맹'으로 불리는 것처럼 AI를 모르는 소위 'A맹'을

탈출하는 순간이기도 합니다. 어쩌면 이것이 우리 세대의 마지막 열차일지도 모르지만 늦지 않았습니다. 지금 이 순간 탑승하면 됩니다. 이 책은 여러분의 승차권이자, 여정의 동반자가 될 것입니다.

여러분은 혼자가 아닙니다. 이 책과 함께, AI와 함께라면, 누구나 당당한 작가가 될 수 있습니다. 자, 이제 시작해 볼까요?

2026년 1월 저자 가재산 드림

목 차

3장 · **GPT Setup**
GPT 이해와 시니어 맞춤 AI 글쓰기 환경 구축

4장 · **Outline Planning**
AI 기반 자서전 기획서와 목차 구성 실무

5장 · Drafting From Data
AI에게 자료 학습시켜 본문 초안을 빠르게 생성하는 법

6장 · Revision & Refinement
AI 기반 문장 수정과 교정(퇴고) 실무

7장 · Front/Back Matter
자서전의 시작과 끝을 AI와 함께 빚어내다

8장 · Publication Strategy
AI 기반 출판 전략과 계약 실무

9장 · Legacy & Sharing
AI 마케팅 비서와 함께 자서전 홍보하기

AI로 뚝딱
자서전 쓰기 도전

Start Now

왜 지금, AI 기반 자서전 쓰기에 도전해야 하는가

AI를 활용한 책과 글쓰기의 놀라운 효과 1

많은 시니어 세대가 자서전 쓰기를 부담스러워하는 이유는 '나는 글을 못 쓴다'는 두려움 때문입니다. 학교를 일찍 그만두어야 했고 먹고사는 일이 급했던 시절을 보내며, 글쓰기 경험이나 교육을 제대로 받지 못한 경우가 많았습니다. 그래서 글을 쓴다는 것 자체가 부담스럽고 두렵게 느껴지는 것이 당연합니다. 게다가 책을 쓴다는 것은 전문가가 아니고는 더욱 어렵습니다. 하지만 AI 시대가 도래하면서 이 글쓰기 두려움을 극복할 수 있는 놀라운 협력자가 생겼습니다.

"나는 글을 못 써요."

"학교도 제대로 못 나왔는데 책을 쓰다니요."

"컴퓨터는 더더욱 어렵습니다."

자서전 쓰기 강의를 할 때마다 듣는 말입니다.

책을 쓰고자 하는 분들 중에 과거에 화려한 경력과 높은 직위에 올라섰던 교수, 기업 경영자, 고위 공무원 같은 분들의 경우도 마찬가지입니다. 당시에는 조교나 비서 혹은 직원들이 모든 일을 처리해 주면서 대신해서 컴퓨터 작업을 해줬고, 글도 써준 경우가 대부분이다 보니 퇴직 후 막상 본인은 할 수 있는 일이 거의 없게 됩니다. 하지만 걱정하지 마십시오. 이제 AI가 여러분의 가장 친절한 글쓰기 코치가 되어줄 것입니다.

충청도 시골에 사시는 85세 김경태 회장님은 이렇게 말씀하셨습니다.

"6·25전쟁으로 초등학교도 졸업하지 못한 채 평생 현장에서 일했지요. 그런데 자서전을 쓰라니, 처음엔 황당했습니다. 하지만 AI를 만나고 나서 생각이 바뀌었어요. AI는 내 이야기를 들어주고, 내가 하고 싶은 말을 글로 만들어줬습니다."

AI를 두려워할 필요가 없습니다

많은 분들이 "AI는 어렵지 않나요?", "컴퓨터를 잘 모르는데 할 수 있을까요?"라고 물으십니다. AI는 생각보다 훨씬 쉽습니다. 컴맹이나 스마트폰에 능숙하지 못한 폰맹이라도 요즘 AI는 마치 사람과 대화하듯 사용할 수 있습니다. 스마트폰으로 문자를 보낼 줄 아신다면 AI도 사용할 수 있습니다. 카카오톡으로 자녀와 대화하듯 AI와도 대화하면 됩니다.

물론 처음에는 서툴 수 있습니다. 어떻게 질문해야 할지 모를 수도 있습니다. 하지만 괜찮습니다. 이 책에서 단계별로 차근차근 알려드릴 것입니다. 실제로 따라 할 수 있는 예시 문장들도 제공할 것입니다.

글쓰기는 재능이 아니라 용기입니다

많은 분들이 "나는 글 재능이 없어"라고 말씀하십니다. 자서전에 필요한 것은 재능이 아니라 용기입니다. 내 이야기를 시작할 용기, 솔직하게 털어놓을 용기, 끝까지 완성할 용기만 있으면 됩니다. AI는 여러분의 용기를 받쳐주는 든든한 지원군입니다. 문법이 틀려도, 표현이 서툴러도, AI가 다듬어줍니다. 여러분은 그저 기억을 떠올리고 솔직하게 이야기하기만 하면 됩니다.

70대, 80대도 늦지 않았습니다. 아니, 오히려 지금이 적기입니다. 기억이 생생할 때, 건강할 때, 자식이나 손주들이 여러분의 이야기를 듣고 싶어 할 때가 바로 지금입니다. AI라는 친절한 코치가 여러분을 기다리고 있습니다. 더 이상 "나는 글을 못 써"라고 말하지 마세요. AI와 함께라면 누구나 작가가 될 수 있습니다.

첫 문장은 이렇게 시작하면 됩니다. "나는 19○○년, ○○에서 태어났습니다." 이 한 문장이 여러분 자서전의 첫 걸음입니다. AI가 여러분과 함께 그 길을 걸어갈 것입니다.

시니어 세대가 AI를 활용하여 책과 글을 쓰면 좋은 이유 2

AI 시대로의 전환은 시니어 세대에게 새로운 기회를 제공합니다. 인류 역사상 가장 많은 지혜와 경험을 축적한 세대이면서도, 글쓰기나 디지털 기술의 문턱 때문에 자신의 이야기를 기록하지 못했던 시니어에게 AI는 더할 나위 없는 파트너입니다. AI를 활용하여 책과 글을 쓰는 것은 단순한 취미 활동을 넘어 시니어 세대의 삶을 풍요롭게 하고 사회에 기여하는 중요한 활동이 됩니다. AI를 활용해 시니어들이 글쓰기에 도전해야 하는 구체적인 이유는 다음과 같습니다.

첫째, 글쓰기의 물리적, 심리적 장벽을 제거합니다

시니어 세대에게 글쓰기는 여러 가지 물리적, 심리적 장벽을 동반합니다.

컴퓨터와 타이핑에 대한 두려움 해소: 많은 시니어는 컴퓨터와 키보드가 낯설 수밖에 없습니다. 타이핑 속도도 느려 글쓰기가 고역입니다. AI 챗봇들은 음성 인식 기능을 지원합니다. 복잡한 키보드 작업 대신 스마트폰에 대고 평소처럼 말만 하면 AI가 그것을 정확한 텍스트로 변환해 줍니다. 전속 비서가 옆에서 받아 적는 것과 같으므로 컴퓨터가 낯선 분들도 쉽게 시작할 수 있습니다.

문장력 부족에 대한 불안감 해소: '나는 문장력이 부족하다'는 생각은 글쓰기를 가로막는 가장 큰 심리적 장벽입니다. AI는 이 문제를 해결해 줍니다. 구술한 내용이 비문이거나 문맥이 어색해도 AI는 그것을 문법에 맞고 유려한 문장으로 다듬어줍니다. 시니어는 그저 솔직한 이야기와 감정만 제공하면 되고, 문장 구조와 표현의 세련됨은 AI의 몫입니다.

기억의 휘발성 보완과 복원: 70~80년의 인생을 모두 기억하기는 어렵습니다. 중요한 사건의 날짜나 사소한 디테일은 시간이 지남에 따라 흐릿해지기 마련입니다. AI는 '회상 질문법'을 통해 기억의 실타래를 푸는 것을 돕습니다. "1975년, 서울에서 첫 월급을 받았을 때의 구체적인 상황을 말해 달라"라고 묻거나 당시 사회적 배경을 검색하여 잊힌 기억의 디테일을 되살리는 데 도움을 줍니다.

둘째, AI는 대한민국 역사의 산증인인 시니어의 기록을 돕습니다

현재의 시니어 세대는 대한민국의 역사에서 가장 극적인 시기를 온몸으로 겪어낸 산증인입니다. 전쟁을 겪었고, 가난을 이겨냈으며, 폐허에서 시작해 세계 10위권 경제 강국을 일구어냈습니다. 이분들의 경험과 지혜는 개인의 가족사를 넘어 국가적인 자산이며, 후세대가 반드시 배워야 할 역사적 교훈입니다.

역사적 기록 유산으로서의 가치: 찬란했던 시니어 세대의 이야기는 기록되지 않은 채 매일, 조용히 사라지고 있습니다. AI를 활용한 자서전 쓰기는 이 귀중한 경험을 기록으로 남겨 국가적, 사회적 유산으로 보존하는 역할을 합니다.

시대적 배경의 생생한 복원: AI는 방대한 역사 데이터를 기반으로 특정 시기의 시대적 배경을 생생하게 묘사하는 데 도움을 줍니다. 예를 들어 "1970년대 청계천 공장의 풍경을 구체적으로 묘사해 달라"라고 AI에게 요청하면 AI는 당시의 물가, 사회 분위기, 사람들의 옷차림 등 젊은 세대는 알 수 없는 역사적 디테일을 보강해 줍니다. 이를 통해 자서전은 개인의 기억을 넘어 한국 현대사의 한 페이지가 됩니다.

평범함 속의 비범함 발견: 많은 시니어가 '내 이야기는 평범해서 쓸 게 없다'고 생각합니다. 하지만 AI는 평범해 보이는 일상 속에서 특별한 이야기와 핵심 키워드를 추출해 줍니다. AI는 '아침마다 우물에서 물을 길었다'라는 평범한 행위가 요즘 젊은이에게는 신기한 이야기임을 알려주고, 그 차이가 곧 이야기의 동력이 됨을 코치합니다.

셋째, AI는 글쓰기 과정 전체를 즐거운 경험으로 만듭니다

자서전 쓰기는 긴 여정이며 중간에 포기하는 경우가 많습니다. AI는 이 지난한 과정을 지치지 않고 즐겁게 완주하도록 돕는 역할을 합니다.

단계별 코칭을 통한 완주 지원: AI는 자서전 기획, 목차 구성, 초안 작성, 퇴고와 수정 등 전 과정을 단계별로 안내하고 구체적인 작업 계획을 세워줍니다. 마치 옆에서 "오늘은 1.3절을 2페이지 분량으로 써보자"라고 코칭해 주는 개인 교사와 같습니다.

즉각적인 피드백과 맞춤형 도움: 글을 쓰는 동안 궁금한 것이 생길 때마다 AI는 24시간 즉각적으로 답해 줍니다. 문장 수정, 표현 제안, 어휘 선택 등 다양한 맞춤형 피드백을 주어 글쓰기의 효율성을 극대화합니다.

새로운 기술 학습을 통한 성취감: AI를 활용하는 과정 자체가 시니어에게는 새로운 디지털 문화를 학습하는 경험이 됩니다. AI라는 낯선 기술을 습득하고 그것을 통해 자신만의 책을 완성했다는 성취감은 은퇴 후의 삶에 큰 활력과 자신감을 불어넣습니다. 디지털 월드행 마지막 열차에 탑승하여 당당한 작가로 거듭나는 경험은 그 자체로 소중한 가치입니다.

AI는 시니어 세대가 가진 이야기의 깊이와 진정성을 세상에 가장 쉽고 빠르게, 그리고 감동적으로 전달할 수 있도록 돕는 혁신적인 도구입니다. 이 책은 그 방법을 알려줄 것입니다.

AI 시대 대필 작가 대신 AI코칭 작가가 뜨는 이유

3

AI가 등장하면서 우리 주변의 많은 직업이 위기에 놓였습니다. 그중에서도 특히 '글'을 다루는 직업들은 가장 큰 변화를 겪고 있습니다. 그 변화의 물결은 자서전 분야에도 예외가 아닙니다. 수백만 원에서 수천만 원을 들여 대필 작가를 고용해 자서전을 쓰던 시대는 서서히 막을 내리고 있습니다. AI가 시니어의 글쓰기 과정을 혁신적으로 바꾸면서 전통적인 대필 작가의 역할이 크게 축소되고 있기 때문입니다. 이것은 대필 작가라는 직업 자체를 부정하는 것이 아니라 AI라는 도구가 시니어에게 자립적인 글쓰기의 힘을 부여했음을 의미합니다.

진정성과 감정의 한계

기존 대필 시스템의 가장 큰 한계는 진정성과 감정의 결여입니다.

아무리 뛰어난 대필 작가라도 타인의 70년, 80년 인생을 자신의 것처럼 느낄 수는 없습니다. 대필 작가는 인터뷰를 통해 이야기를 듣고 정리합니다. 그 이야기 속에서 주인공이 느꼈던 심장 떨림과 고통의 눈물, 성공의 환희를 온전히 공감해 글로 옮기는 일은 쉽지 않습니다. 또한 전문적인 작가이기 때문에 시니어의 실제 말투나 그 세대 특유의 정서를 자연스럽게 반영하지 못하고 세련된 문장으로 덮어버리는 경우가 많습니다.

반면 AI를 활용하면 시니어 본인이 직접 구술하고 교정하는 과정을 거치기 때문에 진정성 있는 '나의 목소리'가 살아납니다. AI는 단지 여러분의 거친 말을 다듬어주고 구조를 잡아주는 '도구'일 뿐 이야기는 오직 시니어 본인에게서 나오기 때문입니다.

비용과 시간의 혁신적 효율성

대필 작가를 고용하는 것은 상당한 시간과 비용이 드는 일입니다. 전문 대필 작가에게 자서전을 의뢰할 경우 최소 수백만 원에서 수천만 원에 이르는 비용이 발생하며, 10회에서 20회에 걸친 심층 인터뷰가 필요합니다.

AI 챗봇을 활용하는 것은 대부분 월 2만~3만 원 이내의 구독료만으로 가능하며, 이마저도 무료 버전으로 상당 부분을 해결할 수 있습니다. 시니어는 본인이 편한 시간에 떠오르는 대로 스마트폰에 말하거나 메모하며 자료를 축적할 수 있습니다.

AI의 뛰어난 글쓰기 역량

현재의 AI는 단순히 비용과 시간의 장점만 있는 것이 아닙니다. AI는 이미 대부분의 대필 작가보다 뛰어난 글쓰기 능력을 보유하고 있습니다. AI는 방대한 문학 작품과 글쓰기 데이터를 학습하여 다양한 문체와 스타일을 구사할 수 있으며, 논리적 구성과 감정적 표현을 자유자재로 조합할 수 있습니다. 또한 24시간 언제든지 일관된 품질의 글을 제공하며, 수정과 보완을 무한히 반복할 수 있다는 점에서 인간 대필 작가보다 효율적입니다.

새로운 직업의 탄생: AI코칭 작가

이러한 변화 속에서 'AI코칭 작가'라는 새로운 직업이 탄생하고 있습니다. AI코칭 작가는 전통적인 대필 작가와는 완전히 다른 역할을 합니다. 이들은 AI 도구를 능숙하게 활용하여 시니어가 스스로 자서전을 완성할 수 있도록 코칭하고 가이드하는 전문가입니다.

AI코칭 작가의 주요 역할은 다음과 같습니다.

- AI 프롬프트 설계: 시니어의 특성과 이야기에 맞는 최적의 AI 질문을 설계합니다.
- 스토리텔링 구조화: AI와 함께 이야기의 흐름과 구성을 체계적으로 정리합니다.
- 감정 복원 코칭: AI를 활용해 잊힌 기억과 감정을 되살리는 과정을 안내합니다.
- 완성도 관리: 책이 나올 때까지 결과물의 품질을 검토하고 시니어의 목

소리에 맞게 조율합니다.

이 새로운 직업은 기존 대필료의 1/4 비용으로 더 나은 결과를 만들어낼 수 있기 때문에 향후에도 경쟁력이 있습니다. AI 기술의 발전과 시니어 인구 증가, 개인 기록에 관한 관심 증대가 맞물리면서 AI 코칭 작가는 앞으로 각광받는 직업이 될 것입니다.

AI 시대 자서전 쓰기의 주인공은 오직 본인 자신입니다. AI는 여러분의 진심을 해치지 않고 여러분의 목소리를 왜곡하지 않으면서도 가장 완성도 높은 글로 탄생시키는 강력한 도구입니다. 이제 누구의 도움 없이 내 인생의 마지막 마침표를 내 손으로 찍을 수 있게 된 것입니다. 대필 작가에게 의존할 필요 없이 나의 이야기를 나의 목소리로 세상에 전하는 시대가 열린 것입니다.

AI책쓰기코칭협회

새로운 것에 도전하는 액티브 시니어는 아름답다! 대한민국이 초고속으로 고령화 사회로 진입하면서 2024년 65세 이상 인구가 1,000만 명을 돌파했습니다. 고도성장기의 주역이었던 시니어들은 자신의 소중한 경험과 노하우를 후세에 남기고 싶어 합니다. 그중 하나가 바로 자서전이나 에세이 같은 책을 쓰는 것입니다.

현실은 녹록지 않습니다. 책을 쓰고 싶은 마음은 간절하지만 경험이 없고 컴맹, 폰맹인 경우가 많기 때문에 아예 도전하지 못하거나 비싼 돈을 주고 대필에 의존하는 경우가 대부분입니다. 기존 방식으로 책을 출간하려면 최소 1,000만 원에서 대필의 경우 많게는 5,000만 원까지의 비용이 들어가며 긴 시간과 복잡한 과정을 거쳐야 합니다.

AI책쓰기코칭협회는 바로 이런 문제를 해결하기 위해 탄생했습니다. AI코칭 작가, 소설가, 수필가를 비롯한 책을 다수 출간 경험이 있는 작가, 디자이너 같은 전문가와 출판사 대표 등 50여 명으로 출범한 협회는 혁신적인 방법을 제시합니다. 바로 스마트폰 하나만 있으면 누구나 쉽게 책을 쓸 수 있도록 돕는 것입니다.

특히 최근 GPT와 같은 인공지능 기술의 등장으로 책쓰기는 한층 더 혁신적으로 변화했습니다. 이제 폰맹이나 컴맹인 시니어분들도 걱정할 필요가 없습니다. GPT에게 대화하듯 말만 하면 글의 구성을 도와주고, 어려운 표현을 쉽게 바꿔주며 심지어 목차 구성부터 제목 정하기까지 친절하게 안내해 줍니다. 24시간 언제든 옆에서 도와주는 개인 비서가 생긴 셈이지요. 이런 방법을 활용하면 기존 비용과 시간을 1/3~1/4로 줄일 수 있습니다.

AI책쓰기코칭협회는 AI코칭 작가들을 통해서 개인의 수준에 맞는 맞춤형 코칭을 제공합니다. 이미 원고가 어느 정도 준비된 분들에게는 3개월 과정을, 처음부터 시작하는 분들에게는 12개월 원스톱 서비스를 제공하게 됩니다. 또한 여러 명이 함께 배우는 집단 코칭과 스마트폰 및 AI 활용법을 집중적으로 배우는 교육과정도 운영하고 있습니다.

자서전 쓰기의 3가지 핵심 가치 4

'내 인생이 책 한 권의 가치가 있을까?' 많은 분들이 자서전 쓰기를 생각할 때 가장 먼저 품는 의문입니다. 감히 말씀드리고 싶은 것은 여러분의 삶은 이미 그 자체로 귀중한 이야기라는 사실입니다. 특히 대한민국의 격변기를 온몸으로 겪어내신 시니어 세대의 삶은 그 어떤 소설보다 극적이고 그 어떤 역사책보다 생생합니다.

자서전 쓰기는 단순히 과거를 기록하는 작업이 아닙니다. 세 가지 핵심 가치가 있습니다.

첫째, 자기 성찰의 기회입니다

살아온 길을 되돌아보며 글로 쓴다는 것은 마치 인생이라는 긴 여행의 지도를 펼쳐놓고 다시 살펴보는 것과 같습니다. '왜 그때 그런 선택을 했을까?', '어떤 순간이 내 인생의 전환점이었나?'와 같은 질문들을 스스로에게 던지면서 우리는 비로소 우리 삶의 의미를 발견하게 됩니다.

80세의 한 지인은 자서전을 쓰면서 이렇게 말씀하셨습니다.

"50년 전 사업 실패가 평생 트라우마였는데, 글을 쓰다 보니 실패가 있었기에 더 나은 사람이 될 수 있었더군요. 자서전을 쓰면서 비로소 나 자신을 용서하게 되었습니다."

둘째, 가족에게 물려줄 최고의 유산입니다

요즘 젊은 세대는 할머니, 할아버지가 어떤 시대를 살았는지 잘 모릅니다. 6·25전쟁이 얼마나 참혹했는지, 보릿고개가 무엇인지, 첫 월급을 받았을 때의 벅찬 감동이 어떤 것인지 말입니다. 여러분의 자서전은 자식이나 손주들에게 아버지, 할아버지가 단순히 '나이 드신 분'이 아니라 치열하게 살아온 한 인간이었다는 사실을 실감 나게 알려줍니다.

돈이나 집은 나눠주면 줄어들지만, 이야기는 나눌수록 커집니다. 여러분의 자서전은 자녀와 손주들에게 대대손손 물려줄 수 있는 가장 값진 유산입니다. 아이들은 할아버지의 책을 읽으며 '우리 할아버지가 이렇게 대단한 분이셨구나'라고 느낄 것입니다.

셋째, 노마지지老馬之智의 공유입니다

늙은 말이 길을 안다는 뜻의 노마지지. 여러분은 수십 년을 살면서 쌓은 지혜가 있습니다. 어떻게 어려움을 극복했는지, 어떻게 가정을 지켰는지, 어떻게 직장에서 성공했는지. 이런 지혜는 단순히 개인의 경험에 그치는 것이 아니라 후세에게 전할 귀중한 교훈입니다.

특히 대한민국이 전쟁의 폐허에서 세계 10위권 경제 대국으로 성장하는 과정을 함께한 여러분의 이야기는 단순한 개인사가 아닙니다. 그것은 곧 한국 현대사이고, 기적의 역사입니다. 여러분의 땀과 눈물이 오늘의 대한민국을 만들었습니다.

자서전은 나만을 위한 것이 아닙니다

많은 분들이 "내 이야기는 평범해서 누가 읽겠어?"라고 말씀하십니다. 평범함 속에 진짜 이야기가 있습니다. 거창한 성공담이 아니어도 괜찮습니다. 새벽같이 일어나 시장에 가고, 아이들 학비를 마련하기 위해 밤늦게까지 일하며, 때로는 좌절하고 때로는 희망을 품었던 그 모든 날들이 바로 진짜 역사입니다.

자서전을 쓴다는 것은 곧 자신의 삶을 존중하는 일입니다. '내 인생도 기록할 가치가 있다'고 인정하는 것입니다. 그리고 그것은 사실입니다. 여러분의 삶은 충분히 가치 있고 충분히 아름다우며 충분히 의미가 있습니다.

이제 AI라는 친절한 조력자가 생겼습니다. 글쓰기에 자신이 없어도, 컴퓨터가 서툴러도, AI가 여러분의 이야기를 들어주고 함께 책을 만들어갈 것입니다. 더 이상 주저할 이유가 없습니다. 지금 바로 시작하십시오. 여러분의 이야기가 기다리고 있습니다.

한국의 성공 역사 기록 유산 남기기 5

세계가 놀란 한강의 기적, 그 중심에 여러분이 계셨습니다

1953년 휴전 직후 대한민국의 1인당 국민소득은 67달러였습니다. 세계 최빈국 중 하나였죠. 2025년 현재 우리나라는 1인당 국민소득 3만 달러가 넘는 선진국이 되었습니다. 불과 70년 만의 일입니다. 이것은 기적입니다. 세계 역사에서 유례를 찾기 힘든 놀라운 성장입니다. 그 기적을 만든 사람이 바로 여러분입니다.

1950~1960년대생 시니어 세대는 전쟁의 폐허 속에서 태어나 배고픔과 가난을 겪으며 자랐습니다. 그렇지만 포기하지 않았습니다. 새벽같이 일어나 공장으로, 건설 현장으로, 시장으로 나갔습니다. 밤늦게까지 일하고 쪼개고 쪼갠 돈으로 자녀를 교육시켰습니다.

여러분의 땀과 눈물이 오늘의 대한민국을 만들었습니다

1960년대 산업화 시기, 여러분은 공장의 기계 앞에 섰습니다. 청계천 평화시장의 재봉사, 구로공단의 공원工員, 포항제철의 용광로 노동자. 손이 부르트고 허리가 휘도록 일했습니다.

1970년대 중동 건설 붐이 일었을 때 수많은 한국 남성이 가족을 두고 사막으로 떠났습니다. 섭씨 50도가 넘는 뜨거운 모래 위에서 땀을 흘리며 건물을 지었습니다. 그렇게 벌어들인 달러가 한국 경제의 밑거름이 되었습니다.

1980년대 한국은 전자, 자동차, 조선 산업의 강국으로 도약했습니다. 그 중심에는 묵묵히 자리를 지킨 숙련 기술자들이 있었습니다. 여러분의 손길이 지금 세계를 달리는 현대차를, 삼성 스마트폰을 만들었습니다.

여성들의 숨은 공헌, 이제는 기록되어야 합니다

특히 여성들의 이야기는 더욱 중요합니다. 역사책에는 잘 나오지 않지만, 대한민국의 기적을 만든 것은 어머니들이었습니다. 새벽 시장에서 좌판을 벌리고, 남의 집 식모살이를 하고, 파출부로 일하며 자녀 교육비를 마련했습니다. 남편이 벌어온 적은 월급으로 쪼개고 쪼개며 알뜰히 가계를 꾸렸습니다. 배는 곯아도 자식들만은 배불리 먹이려 애썼습니다.

그 결과 한국은 세계 최고의 교육열을 자랑하는 나라가 되었고, 지금 한국의 젊은이들은 세계 어디서나 인정받는 인재가 되었습니다. 이 모든 것의 시작은 어머니들의 희생이었습니다.

71세 최명희 여사는 자서전에 이렇게 쓰셨습니다.

"나는 중학교도 못 나왔지만, 내 자식 셋은 모두 대학을 나왔습니다. 남편은 공장 노동자였고, 나는 식당에서 설거지를 했습니다. 하지만 자식 교육만은 포기하지 않았습니다. 지금 내 자식들은 의사, 교수, 변호사가 되었습니다. 나의 가장 큰 자랑입니다."

시대의 증인으로서 여러분의 책임

역사책은 큰 사건만을 기록합니다. 대통령이 누구였는지, 어떤 정책이 실행되었는지만 나옵니다. 진짜 역사는 평범한 사람들의 일상 속에 있습니다.

여러분은 6·25전쟁을 겪었거나 그 직후 세대입니다. 보릿고개가 무엇인지, 연탄가스 중독이 얼마나 무서운지, 전기가 들어오지 않는 시골 마을이 어땠는지 알고 계십니다.

또한 최초의 흑백 TV가 집에 들어왔을 때의 신기함, 처음으로 전화기를 설치했을 때의 설렘, 88올림픽을 보며 느낀 자부심을 기억하십니다.

이런 경험들은 젊은 세대는 절대 알 수 없는 것들입니다. 역사책에도 나오지 않습니다. 오직 여러분의 기억 속에만 살아있습니다. 이것을 기록으로 남기지 않으면 영원히 사라집니다.

국가적 차원의 기록 유산

최근 정부와 학계에서는 '생애사 기록 프로젝트'의 중요성을 강조하고 있습니다. 개개인의 삶을 기록하는 것이 곧 사회사를 복원하는 일이라는 인식이 커지고 있습니다. 특히 산업화 세대의 구술 기록은 국가적 차원에서 보존해야 할 중요한 문화유산으로 평가받고 있습니다. 국사편찬위원회, 한국학중앙연구원 같은 기관들이 시니어 세대의 생애사를 수집하고 있습니다.

여러분의 자서전은 개인의 책인 동시에 국가의 기록물입니다. 여러분이 남긴 이야기는 100년 후 역사학자들이 '2000년대 초반 한국인은 어떻게 살았는가'를 연구할 때 귀중한 자료가 될 것입니다.

이제 펜을 들 때입니다

여러분의 이야기를 기록으로 남기는 것은 개인의 기록을 넘어 국가적, 사회적 의무입니다. 후세대에게 "우리는 이렇게 살았다"라고 말해줄 책임이 있습니다.

AI의 도움으로 이제 누구나 쉽게 자서전을 쓸 수 있습니다. 더는 미루지 마십시오. 여러분의 기억이 생생할 때, 여러분이 건강할 때 기록을 남기십시오.

여러분의 자서전은 가족의 보물이 될 것이고 동시에 대한민국의 소중한 역사 기록이 될 것입니다.

시니어들의 복음 '디지털 AI 책쓰기 강좌'

"이번 교육은 시니어들에게 그야말로 복음과 같았습니다."

"금번 교육은 가성비와 옥탄가 높은 공부 너무 고맙습니다."

"시니어들에게 여명의 밝음을 주었는데 천만 시니어가 다 들었으면 좋겠습니다."

시니어를 대상으로 2017년 초에 '스마트폰으로 책쓰기' 과정을 처음 개설하여 교육을 마친 후 교육생들이 보내준 소감입니다. 사실 그 당시에는 시니어를 위한 스마트폰으로 책과 글쓰기 과정이 2~3회로 끝날 것으로 생각했습니다. 왜냐하면 스마트폰으로 책이나 글을 쓴다는 사실을 아무도 믿어주지 않아 교육생 모집이 지속적으로 가능하지 않았기 때문입니다.

그런데 예상하지 않았던 일이 벌어졌습니다. 교육을 받고 난 분들이 구전으로 과정을 다른 분들에게 추천하기 시작했습니다. 그야말로 '고객에 의한 고객 개발'인 셈이 되었습니다. '말로만 해도 글이, 찍기만 해도 글이 됩니다'라는 사실에 모두들 놀라고 왕초보도 책쓰기에 도전할 수 있다는 용기와 희망을 얻는 계기가 되었기 때문입니다. 지금은 과거 스마트폰의 앱에서 실행하던 기능이 GPT에서 모두 실행 가능해졌습니다. 과정 명칭도 'AI 책쓰기'로 바꾸고 GPT과정을 넣어서 하루에 책 한 권 끝내기로 운영하면서 2025년 말 81회차를 진행할 정도로 장수 프로그램이 되었습니다.

"저는 70 평생에 이런 도움 되는 감동의 교육은 처음입니다."

5년 전 은퇴하신 모 대학 노교수의 교육소감입니다. 실제로 스마트폰 강의에서 가장 어려운 상대가 교수님들입니다. 그런데 이 과정에서 매우 열심히 들으신 분들 중 65세로 교수에서 은퇴하신 총장님들도 여러 분 계셨습니다. 그동안 조교나 실무를 지원하던 인력이 타이핑부터 번역까지 전부 도와주다 보니 손이 묶여왔지만, 스스로 해보는 작업에 감회가 남달랐던 것 같습니다.

그 다음으로는 대기업에서 퇴임한 사장과 임원들입니다. 역시 이 분들도 부하직원들의 도움으로 모든 게 가능했는데 막상 은퇴하고 나서 홀로서기에는 역부족이기 때문이었습니다. 앞으로 스마트폰에다 GPT라는 똑똑한 비서와의 동행을 하는 사람과 그렇지 않은 사람의 삶의 질은 하늘과 땅 차이로 더 벌어질 것입니다.

자서전의 유형 비교와 나에게 맞는 스타일 선택

6

자서전을 쓰기로 결심했다면 가장 먼저 해야 할 일이 있습니다. 어떤 스타일로 쓸 것인가를 정하는 것입니다. 집을 지을 때 먼저 설계도를 그리듯 자서전도 전체적인 틀을 먼저 정해야 합니다.

자서전에는 크게 다섯 가지 유형이 있습니다. 각각 장단점이 다르고 적합한 독자와 목적이 다릅니다. 여러분의 삶, 목적, 독자를 고려해 가장 맞는 유형을 선택하세요.

1. 연대기형 – 시간의 흐름으로 쓰는 인생 지도

가장 전통적이고 일반적인 형식입니다. 연대기형 자서전은 말 그대로 '태어나서 지금까지'를 시간순으로 서술하는 방식으로, 가장 전통적이고 이해하기 쉬운 형태입니다. 어릴 적 시절부터 학창기, 사회생활, 가족 이야기, 그리고 현재에 이르기까지의 흐름을 따라가며 나의 인생을 차근차근 그립니다. 이 방식의 장점은 '빠짐없이 기록할 수 있다'는 점으로 한 장면이라도 놓치지 않으려는 사람에게 적합합니다.

태어난 순간부터 현재까지 시간 순서대로 서술합니다. "나는 1950년 ○○에서 태어났다"로 시작해서 유년기, 청소년기, 청년기, 장년기, 노년기 순으로 이어집니다.

이 유형의 장점은 독자가 이해하기 쉽다는 것입니다. 시간 순서대로 흐르기 때문에 여러분의 인생 여정을 자연스럽게 따라갈 수 있습니다. 또한 작가 입장에서도 쓰기가 비교적 쉽습니다. '다음은 무엇을 쓸까?' 고민할 필요 없이 다음 시기로 넘어가면 됩니다.

단점은 자칫 지루해질 수 있습니다. 70~80년을 빠짐없이 쓰려다 보면 중요한 것과 사소한 것이 뒤섞입니다. 또한 분량이 많아져 완성하기 어려울 수 있습니다.

이 유형이 적합한 경우는 이렇습니다. 여러분의 삶이 시대적 변화와 밀접하게 연결되어 있다면, 예를 들어 전쟁, 산업화, 민주화 같은 큰 역사적 사건들을 겪었다면 연대기형이 효과적입니다. 독자들이 역사와 함께 여러분의 삶을 이해할 수 있기 때문입니다.

2. 에세이형 – 감정과 성찰 중심의 인생 기록

시간 순서가 아니라 주제별로 구성하는 방식입니다. "나의 일", "나의 가족", "나의 신념", "나의 취미" 같은 주제를 각 장으로 만듭니다. 각 장 안에서는 관련된 여러 시기의 이야기를 자유롭게 섞을 수 있습니다.

어떤 사건이 아니라 그때의 '느낌'과 '깨달음'을 중심으로 구성됩니다. 예를 들어 "인생의 전환점에서 배운 용기"나 "가족에게 미처 전하지 못한 말"과 같은 주제를 잡고, 짧은 수필처럼 여러 편으로 구성합니다.

이 유형은 시니어 세대에게 특히 어울리며 이 유형의 장점은 깊이 있는 이야기를 할 수 있다는 것입니다. 한 주제에 집중하기 때문에 통찰과 성찰이 풍부해집니다. 또한 독자 입장에서도 관심 있는 주제만 골라 읽을 수 있어 편합니다.

단점은 시간적 흐름이 약하다는 것입니다. 여러분의 인생 여정을 순차적으로 이해하기는 어렵습니다. 또한 같은 시기의 이야기가 여러 장에 흩어져 반복될 수 있습니다.

이 유형이 적합한 경우는 이렇습니다. 특정 분야에서 오랜 경력이 있거나 명확한 관심사가 있다면 주제별이 좋습니다. 예를 들어 평생 교사로 일하셨다면 "교육 철학", "잊을 수 없는 제자들", "교실에서 배운 것들"처럼 주제별로 나눌 수 있습니다.

3. 자기계발형 – 삶의 경험을 교훈으로 정리하기

자신의 경험에서 얻은 교훈과 지혜를 중심으로 쓰는 방식입니다. 단순히 '무엇을 했다'가 아니라 '무엇을 배웠다', '어떻게 극복했다'에 초점을 맞춥니다. 각 장이 하나의 교훈이나 인생 원칙을 다룹니다.

예를 들어 "실패에서 배우는 법", "어려움을 기회로 만드는 법", "관계의 중요성", "건강한 노년을 위한 준비" 같은 제목으로 구성됩니다. 각 장에서 자신의 경험을 사례로 들고 거기서 얻은 교훈을 제시합니다.

이 유형의 장점은 실용성입니다. 독자들, 특히 젊은 세대가 직접적인 도움을 받을 수 있습니다. '할아버지의 지혜'를 구체적으로 전달할 수 있습니다. 또한 출판을 고려한다면 이 유형이 시장성이 있습니다.

단점은 개인적 이야기가 약해질 수 있다는 것입니다. 교훈을 강조하다 보면 여러분만의 독특한 이야기, 감정, 개성이 희석될 수 있습니다. 또한 설교조가 될 위험이 있습니다.

이 유형이 적합한 경우는 이렇습니다. 사업가, 전문직, 리더십 경험이 있는 분들에게 적합합니다. 또한 후배들에게 조언을 주고 싶거나 일반 대중을 독자로 생각한다면 이 유형이 좋습니다.

4. 회고록형 자서전 – 특정 시기나 사건 집중 조명

인생 전체가 아니라 특정 시기나 사건에 집중하는 방식입니다. 예를 들어 "중동 건설 현장에서의 10년", "교단에서의 40년", "시장 상인으로 살아온 50년"처럼 인생의 한 챕터를 깊이 있게 다룹니다.

이 유형의 장점은 구체성과 생생함입니다. 좁은 범위를 다루기 때문에 디테일이 살아납니다. 독자들은 그 시기, 그 공간에 있는 듯한 몰입감을 느낍니다. 또한 분량 부담이 적어 완성하기 쉽습니다.

단점은 여러분의 인생 전체를 보여주지 못한다는 것입니다. 가족들은 '다른 시기의 이야기도 듣고 싶었는데'라고 아쉬워할 수 있습니다.

이 유형이 적합한 경우는 이렇습니다. 특정 시기가 여러분 인생에서 특별히 중요했거나, 그 경험이 역사적, 사회적으로 의미가 있다면 회고록형이 좋습니다. 예를 들어 베트남전 참전, 중동 건설, 민주화 운동, 88올림픽 같은 경험이 있다면 그것만으로도 충분한 내용입니다.

70세 최동욱 선생님은 회고록형으로 쓰셨습니다.

"나는 1970년대 구로공단 노동자였어요. 그 10년의 경험이 평생 가장 강렬했습니다. '공단의 청춘: 1970년대 한 노동자의 기록'이라는 제목으로 그 시기만 집중적으로 썼습니다."

5. 평전형 자서전 - 타인의 시선으로 바라본 나의 삶

자신이 직접 쓰는 것이 아니라 가족이나 전문가의 도움을 받아 제3자의 시선으로 기록하는 방식입니다. 예를 들어 자녀가 부모님을 인터뷰하여 "우리 아버지의 삶"이라는 제목으로 쓰거나, 오랜 친구가 "내가 본 김○○의 인생"처럼 객관적 시각에서 서술합니다.

이 방식에서는 본인의 기억과 타인의 기억을 교차시켜 더 입체적인 이야기를 만듭니다. "아버지는 그때 힘들다는 말씀을 안 하셨지만, 옆에서 지켜본 어머니는…"처럼 다각도의 증언을 담을 수 있습니다.

이 유형의 장점은 객관성과 완성도입니다. 본인이 미처 기억하지 못하거나 놓친 부분을 타인이 보완해 줍니다. 또한 겸손한 성격으로, 자신을 드러내기 어려워하는 분들에게 적합합니다. 실제로 많은 시니어 세대가 "내가 뭘 그렇게 대단한 일을 했다고…"라며 망설이시는데, 가족의 시선으로 쓰면 자연스럽게 미덕과 성취를 부각시킬 수 있습니다.

단점은 주체성이 약해질 수 있다는 것입니다. 본인의 진짜 목소리,

생생한 감정이 희석될 수 있습니다. 또한 협업이 필요하기 때문에 시간과 노력이 더 많이 듭니다.

이 유형이 적합한 경우는 이렇습니다. 글쓰기에 자신이 없거나 겸손한 성격으로 자신의 이야기를 드러내기 어려워하는 분들에게 좋습니다. 또한 가족이 적극적으로 참여할 의향이 있고, 여러 사람의 기억을 모아 더 풍성한 이야기를 만들고 싶다면 전기형이 효과적입니다.

자서전 유형 어떻게 선택할까요?

자신에게 물어보세요. "내 자서전을 한 문장으로 요약한다면?"

만약 '내가 겪은 시대의 변화'라면 연대기형이 적합합니다. '내가 평생 추구한 가치'라면 주제별이 좋습니다. '내가 배운 인생의 지혜'라면 자기계발형, '내 인생의 가장 중요한 10년'이라면 회고록형이 맞습니다.

또한 독자를 생각하세요. 가족이 주 독자라면 연대기형이나 주제별이 좋습니다. 젊은 세대나 일반 대중이 독자라면 자기계발형이 효과적입니다.

어떤 유형이 맞는지 고민된다면 AI에게 물어보세요. 여러분의 생애 개요, 주요 경험, 쓰는 목적, 독자를 알려주면 AI가 가장 적합한 유형을 제안해 줍니다. 또한 각 유형별로 목차 샘플도 만들어줍니다. 중요한 것은 처음 선택이 최종 결정이 아니라는 것입니다. 쓰다가 다른 유형이 더 맞는다 싶으면 바꿀 수 있습니다. 유연하게 접근하세요.

AI코치 - 프롬프트 예시

프롬프트: 유형별 장단점 비교

자서전을 쓰려고 하는데 연대기형과 에세이형 자서전의 장단점을 표로 비교해 주세요.

그리고 70대 시니어가 처음 자서전을 쓸 때 어느 것이 더 완성하기 쉬운지, 구체적인 이유와 함께 조언해 주세요.

효과적인 자서전 글쓰기의 요령 7

AI는 훌륭한 작법作法 교사입니다. 여러분이 이야기의 재료를 제공하면 AI는 그것을 독자들이 흥미를 느끼고 감동할 수 있는 '요리'로 만드는 방법을 알려줍니다. AI 시대의 효과적인 자서전 글쓰기는 어려운 문장 기술을 익히는 것이 아니라 여러분의 진실한 이야기에 독자를 몰입시키는 그 핵심 요령 네 가지를 소개합니다.

첫째, 내러티브Narrative와 스토리텔링Storytelling의 차이를 이해합니다. 내러티브와 스토리텔링은 혼용되기도 하지만 글쓰기에서는 구별할 필요가 있습니다. 내러티브는 사건의 단순한 나열, 즉 '무엇이 일어났는가'를 시간 순서대로 기록하는 것입니다. "나는 1970년에 서울로 올라와 공장에 취직했고, 1975년에 결혼했다"라는 것은 내러티브입니다. 스토리텔링은 사건에 의미와 감정을 부여하여 '왜 일어났는가'를 중심으로 독자와 소통하는 방식입니다. "1970년 서울행 기차에 몸을 실은 스무 살의 나는 두려움 반, 기대 반이었다. 부모님께는 무거운 짐이 되고 싶지 않았기에 취직만이 살길이라고 생각했다"라는 것은 스토리텔링입니다.

자서전은 단순한 연대기Chronicle가 아닙니다. 독자가 읽고 공감하며 배우는 이야기가 되어야 합니다. AI에게 "내가 말한 내러티브를 스토리텔링 방식으로 바꿔서 감정을 더하고 독자가 몰입하도록 해줘"라고 요청하면 AI는 건조한 사실Fact에 감정과 의미Meaning를 입혀 생생한 이야기로 만들어 줄 것입니다.

둘째, 서사敍事와 묘사描寫의 균형을 잡습니다. 좋은 자서전은 서사와 묘사가 적절히 균형을 이루어야 합니다. 서사敍事는 이야기의 줄기를 끌고 나가는 힘입니다. 사건의 전개, 인과관계, 시간의 흐름을 중심으로 이야기를 진행하는 것입니다. 서사가 없으면 이야기는 산만해집니다. 묘사描寫는 이야기의 디테일과 생생함을 더하는 힘입니다. 눈으로 본 것, 귀로 들은 것, 코로 맡은 것, 손으로 만진 것, 입으로 맛본 것 등 오감五感을 활용하여 장면을 그림처럼 그려내는 것입니다. "나는 새벽 시장에 나갔다. 힘들었다"는 서사만 있는 글입니다.

여기에 묘사를 더해보겠습니다. "새벽 4시, 시장에는 생선 비린내와 땀 냄새, 그리고 흙냄새가 뒤섞여 코를 찔렀다. 영하 10도의 추위 속에서 시린 손으로 무거운 좌판을 펴는 순간, 손등이 갈라지는 듯한 고통을 느꼈다." 이렇게 묘사를 더하면 독자는 그 장면을 직접 경험하는 것처럼 느낍니다. AI에게 이 묘사를 요청할 수 있습니다. "내가 말한 1970년대 공장 이야기를 묘사 중심으로 바꿔줘. 공장의 소리기계 소리, 냄새기름 냄새, 촉감거친 천을 구체적으로 넣어줘"라고 하면, AI가

감각적인 문장을 만들어 줄 것입니다.

셋째, 비유比喩와 상징象徵으로 문학적 깊이를 더합니다. 자서전의 문학적 완성도는 비유와 상징을 적절히 활용할 때 높아집니다. 비유는 낯선 것을 친숙하게, 추상적인 것을 구체적으로 만들어 독자의 이해를 돕습니다.

비유의 활용: "그때 참 힘들었다"라는 평범한 문장입니다. 여기에 비유를 더하면 "그때는 마치 끝없는 터널을 걷는 것 같았다. 출구는 보이지 않았지만, 언젠가 빛을 보리라는 믿음 하나로 걸었다"처럼 깊이가 더해집니다.

상징의 활용: 평범한 물건이나 장소를 여러분 인생의 중요한 의미를 담은 상징으로 만들어보겠습니다. 예를 들어 "시장에서 쓰던 낡은 가위"는 단순히 물건이 아니라, 가족의 생계를 책임졌던 어머니의 강인한 노동과 희생을 상징할 수 있습니다. "고향의 우물"은 검소했던 유년 시절과 가족 공동체의 정을 상징할 수 있습니다.

AI에게 "내 삶의 교훈인 '포기하지 않는 삶의 의지'를 주제로 적절한 비유 문장 3개를 만들어줘"라고 요청하거나, "시장에서의 삶을 계절에 비유하여 문학적으로 설명해 줘"라고 요청하세요. AI는 여러분이 생각지 못한 창의적인 문학적 표현을 제시해 줄 것입니다.

넷째, 독자의 공감을 얻는 솔직함을 담습니다. 아무리 훌륭한 문장 기술을 동원해도 독자의 마음을 움직이는 것은 결국 진정성 있는 솔직함입니다. 자서전은 완벽했던 나의 모습을 자랑하는 책이 아니라, 불완전했지만 치열하게 살아온 한 인간의 기록입니다.

실패와 후회 기록: 성공담만 가득한 자서전은 독자에게 거리감을 줍니다. 하지만 실패와 후회 등 그 과정에서 얻은 깨달음을 솔직하게 고백하면 독자는 깊은 공감을 느낍니다. "그때 왜 그런 선택을 했는지 지금도 후회된다. 하지만 그 실패 덕분에 더 신중해지는 법을 배웠다"처럼 솔직한 고백은 오히려 인간적 매력을 더합니다.

AI 초고가 건조하게 사실만 나열할 때, 여러분은 반드시 그 안에 그때의 감정을 채워 넣어야 합니다. AI는 "나는 힘들었다"라고 쓰지만, 여러분은 "가슴이 터질 것 같은 막막함 속에서도 자식들을 생각하며 이를 악물었다"처럼 구체적인 감정을 추가하여 독자의 마음을 울려야 합니다.

AI는 여러분의 이야기가 '무엇'인지 아는 조수이지만 그 이야기에 담긴 '왜'와 '어떻게'의 감동은 오직 여러분만이 채울 수 있습니다. 이 네 가지 요령을 AI와 함께 훈련한다면 여러분의 이야기는 독자의 가슴에 깊이 새겨질 것입니다.

자서전 쓰기 완주를 위한 5가지 성공 마인드셋 8

자서전을 시작하는 분들은 많으나 끝까지 완성하는 분들은 생각보다 적습니다. 중간에 포기하는 가장 큰 이유는 기술이나 능력의 문제가 아니라 마음가짐의 문제입니다.

수년간 시니어 자서전 쓰기를 지도하면서 발견한 사실이 있습니다. 끝까지 완성한 분들에게는 공통된 마인드셋이 있었습니다. 다섯 가지 마음가짐을 소개합니다.

첫 번째: 완벽주의를 버리세요

많은 분들이 첫 문장부터 완벽하게 쓰려고 합니다. 한 문장을 쓰고 지우고, 또 쓰고 지우기를 반복합니다. 이렇게 하면 진도가 나가지 않아 결국 지쳐서 포기하게 됩니다.

처음부터 완벽할 수는 없습니다. 초고는 엉망이어도 괜찮습니다.

일단 쓰세요. 생각나는 대로, 기억나는 대로 쭉 쓰세요. 다듬는 것은 나중 일입니다.

작가 헤밍웨이도 "첫 번째 초고는 언제나 형편없다"라고 말했습니다. 프로 작가도 그런데, 처음 쓰는 우리야 말할 것도 없습니다. 형편없는 초고를 쓸 권리, 실수할 권리가 우리에게 있습니다.

두 번째: 작은 목표를 세우고 꾸준히 하세요

'책 한 권을 쓰겠다'는 목표는 너무 큽니다. 200페이지, 10만 단어라는 숫자 앞에서 압도당합니다. 그 대신 아주 작은 목표를 세우세요. '오늘은 한 페이지만 쓰자', '이번 주에는 한 가지 에피소드만 완성하자', '이달에는 유년기 챕터를 끝내자'처럼 구체적이고 달성 가능한 목표를 정합니다.

작은 목표를 하나씩 달성하다 보면 어느새 책 한 권이 완성됩니다. 매일 한 페이지씩만 써도 1년이면 365페이지입니다. 충분한 분량입니다. 다만 일정을 정하고 지키세요. '시간 날 때 쓸게'라고 하면 절대 완성하지 못합니다. 시간은 저절로 나지 않습니다. 만들어야 합니다. 쓰고 싶든 싫든, 기분이 좋든 나쁘든, 정해진 시간에 컴퓨터 앞에 앉으세요. 처음 10분은 힘들어도 일단 시작하면 몰입하게 됩니다.

세 번째: 비교하지 마세요

서점에 가면 유명인의 멋진 자서전들이 많습니다. 그것을 보며 '나는 저렇게 못 써'라고 생각하지 마세요. 그들은 전문 작가의 도움을 받았거나 평생 글을 써온 사람들입니다.

여러분의 자서전은 베스트셀러가 되기 위한 책이 아닙니다. 가족에게, 후세에게 전하는 책입니다. 문장이 조금 서툴러도, 구성이 완벽하지 않아도 괜찮습니다. 진심이 담겨있으면 그것으로 충분합니다.

다른 사람의 책과 비교하지 말고 어제의 나와 비교하세요. '어제보다 오늘 한 페이지 더 썼다', '지난주보다 이번 주 글이 더 나아졌다' 이렇게 스스로의 발전을 보는 것입니다.

네 번째: 혼자 하지 말고 지지자를 찾으세요

자서전 쓰기는 외로운 작업입니다. 특히 중간에 슬럼프가 오면 혼자서는 극복하기 어렵습니다. 그래서 지지자가 필요합니다.

배우자, 자녀, 친구 중 한 분에게 "나 자서전 쓰는 중이야. 응원해줘"라고 말하세요. 그리고 주기적으로 진행 상황을 공유하세요. "이번 주에 5페이지 썼어"라고 말하면 그 사람이 "대단하네! 다음엔 뭘 쓸 건데?"라며 격려해 줄 것입니다.

가능하다면 같이 쓸 친구를 찾는 것도 좋습니다. 같은 또래 친구와 "우리 자서전 쓰기 모임 하자"라고 제안하세요. 한 달에 한 번씩 만나 서로의 글을 읽어주고 격려하면 끝까지 완주할 확률이 훨씬 높아집니다.

다섯 번째: 왜 쓰는지 잊지 마세요

몇 달째 쓰다 보면 지칩니다. '왜 이걸 하고 있지?', '이게 무슨 의미가 있나?' 하는 생각이 듭니다. 이것이 바로 많은 사람들이 포기하는 지점입니다.

그래서 처음에 썼던 '쓰는 이유'를 항상 상기해야 합니다. 책상 앞에 붙여두세요. "손주들에게 물려줄 유산", "나의 삶을 정리하고 의미를 찾기 위해", "후세에게 역사를 전하기 위해" 같은 문구를요.

힘들 때마다 그것을 보며 '그래, 이것 때문에 쓰는 거야'라고 상기하세요. 초심을 잃지 않는 것, 그것이 완주의 비결입니다.

실제 사례 연구:
AI로 자서전을 완성한 시니어 3인의 성공 스토리

9

이론만으로는 믿기 어려울 수 있습니다. '정말 나도 할 수 있을까?', 'AI로 정말 책을 완성할 수 있을까?' 의문이 드는 것이 당연합니다. 그래서 실제로 AI를 활용해 자서전을 완성한 세 분의 이야기를 소개합니다.

사례 1: 50년 교직 경험을 AI로 담아낸 86세 한송지 선생님

한송지 선생님86세은 군산여자상업고등학교에서 32년, 그리고 정년퇴직 후에도 성인학교와 군장대학교에서 20여 년까지 총 50년간 교육 현장을 지킨 평생 교육자입니다. 숙명여대 가정과를 졸업하셨고 평소 요리와 예절교육에 열정이 있으셨지만, 긴 글을 써본 적은 없었습니다.

"86세가 되니 정말 허전했어요. 50년 교직 생활의 모든 기억이 그냥 사라져 버릴 것 같았죠. 그래서 내가 겪은 것, 제자들과 함께한 소중한 순간들을 정리하고 싶었습니다."

이 선생님은 나이에 비해 디지털 기기에 적극적이셨습니다. 구글 드라이브도 활용하고, 컴퓨터로 성경을 타이핑하기도 했습니다. 하지만 AI는 처음이었습니다. "GPT라는 것이 있다고 해서 배워봤어요. 처음에는 어떻게 써야 할지 몰라서 '자서전 쓰기 도와줘'라고만 했죠. 그랬더니 AI가 체계적인 질문을 해 주더라고요."

AI는 한 선생님에게 맞춤형 질문을 던졌습니다. "영등포에서의 유년 시절은 어떠셨나요?", "가장 기억에 남는 제자는 누구인가요?", "50년 교직 생활에서 가장 보람 있었던 순간은?", "IMF 때 겪으신 시련을 어떻게 극복하셨나요?" 한 선생님은 그 질문들에 답하며 자연스럽게 이야기를 풀어놨습니다.

"처음에는 말로 녹취를 했어요. 평소 아끼던 제자가 도와줘서 스마트폰으로 제 이야기를 녹음했죠. 그걸 AI에 넣으니까 초안을 만들어 주더라고요. 정말 신기했어요."

AI가 제안한 주제별 구성을 선택했습니다. '뿌리 깊은 나무처럼, 꽃피는 청춘, 인연이라는 이름의 선물, 스승의 길, 가족, 나의 인생 최고의 작품' 같은 주제로 나눴습니다. 2개월 동안 작업했습니다. 매일 아침 일찍 일어나 AI와 대화하며 조금씩 내용을 보완해 나갔습니다. "규칙적으로 하니까 리듬이 생기더라고요. 아침에 일어나면 자연스럽게 컴퓨터 앞에 앉게 됐어요."

중간에 막막한 순간도 있었습니다. "3개월쯤 지나니까 더 이상 뭘 써야 할지 모르겠더라고요. 그때 AI에게 '기억이 잘 안 나요'라고 했더니, AI가 '미국에서 만난 제자 이야기는 어떠세요?', '손주의 성장

과정은요?' 같은 새로운 질문들을 던져줬어요. 그 질문들이 잊었던 소중한 기억들을 되살려냈죠."

경비를 줄이기 위해 POD주문형 출판 방식을 선택했지만, 표지와 내지 디자인을 전문가에게 부탁하여 예쁘게 만들어 POD 출판의 미비점을 보완했습니다. 완성된 책은 224페이지, 『삶의 뒤안길에서』라는 제목으로 출간했습니다.

"86세의 나이에 AI의 도움을 받아 책을 낼 수 있다니, 꿈인가 생시인가 싶었어요. 기뻐서 눈물을 흘렸죠. 제자들이 멋진 출간 기념회도 열어줬어요."

애제자들이 특별 기고를 해주었고, 50년간 변함없이 연락을 주고받던 제자들에게서 뜨거운 반응이 왔습니다. "멀리 미국에 있던 제자가 '선생님, 책 감동적으로 읽었습니다. 선생님 덕분에 지금의 제가 있습니다'라는 메시지를 보내왔어요. 50년 교직 생활의 의미를 다시 느꼈습니다."

한송지 선생님의 성공 비결은 무엇이었을까요?

"AI를 단순한 도구가 아니라 대화 상대이자 훌륭한 편집자로 생각했어요. 막막할 때 조언을 구하고, 격려를 받았죠. 그리고 86세에도 새로운 것을 배우려는 열정을 포기하지 않은 것이 주효했습니다. 미켈란젤로가 87세에 '아직도 배우고 있다'라고 했듯이, 나이는 정말 숫자에 불과해요."

사례 2: 컴퓨터를 처음 만진 75세 김순자 할머니의 도전

김순자 할머니75세는 평생을 시장에서 반찬 가게를 운영하셨습니다. 초등학교만 졸업했고, 스마트폰도 자녀들이 설정해 준 대로만 사용하셨습니다. 컴퓨터는 한 번도 만져본 적이 없었습니다.

"손주가 고등학생이 됐는데, 할머니에 대해 아무것도 모르더라고요. '할머니는 어렸을 때 뭐 했어요?'라고 물어도 제대로 대답을 못 했어요. 그래서 글로 남겨야겠다고 생각했죠."

하지만 문제가 있었습니다. 글쓰기에 자신이 없었고, 컴퓨터는 더더욱 어려웠습니다. 그때 아들이 AI를 소개해 줬습니다.

"처음에는 '이게 뭔가' 싶었어요. 하지만 아들이 스마트폰에 앱을 깔아주고, 말로 하면 된다고 하더라고요. 그래서 해봤죠."

김 할머니는 스마트폰 음성 입력으로 AI와 대화했습니다. 마치 손주에게 이야기하듯 편하게 말했습니다.

"나는 1949년에 경상도 시골에서 태어났어. 그때는 정말 가난했지. 보리밥도 못 먹고 풀죽을 먹었어…." AI는 할머니의 구술을 받아 적고, 자연스러운 문장으로 다듬어줬습니다. 3개월 동안 주 3회, 하루 2시간씩 작업했습니다. 힘든 점도 많았습니다. "가끔 AI가 내 말을 제대로 못 알아들을 때도 있었어요. 사투리가 섞여서 그런가 봐요. 그럴 때는 아들이 도와줬죠."

하지만 포기하지 않았습니다. "내가 죽으면 이 이야기들은 다 사라져요. 손주들이 할머니가 어떻게 살았는지 영영 모를 거예요. 그 생각에 힘들어도 계속했습니다." 결과는 놀라웠습니다. 200페이지 분량의 『순자의 삶, 시장 한복판에서』라는 제목의 자서전이 완성되었습니다. POD 방식으로 100부를 인쇄해 가족과 친척들 그리고 지인들에게 나눠줬습니다.

"손주들이 너무 좋아하더라고요. '할머니가 이렇게 고생하셨구나',

'할머니 대단하시다'고 했어요. 제일 큰 손주는 울면서 읽었대요. 그 모습을 보니 3개월 고생한 보람이 있었어요."

김 할머니가 성공할 수 있었던 비결은 무엇일까요?

"완벽하게 하려고 하지 않았어요. 그냥 생각나는 대로 이야기했죠. AI가 알아서 다듬어주니까요. 그리고 매주 화요일, 목요일, 토요일은 무조건 2시간씩 작업했어요. 약속을 지킨 거죠. 물론 책이 나오기까지 곁에서 AI 활용법을 도와주었던 아들 덕분이기도 하죠."

사례 3: AI에 학습시켜 자서전을 낸 중소기업 대표 권태일 사장

권태일 사장68세은 가난한 농촌에서 태어나 중학교 진학도 어려웠던 소년이 야간대학을 졸업하고 썬 마이크로시스템즈에서 20년간 근무한 후, 57세에 와이파이 사업으로 창업해 성공한 기업인입니다.

"은퇴 나이에 창업을 해서 지금까지 7년째 사업을 하고 있어요. 그런데 제 경험을 후배들에게 전하고 싶은데 글을 써본 적이 없었습니다."

권 사장은 처음에 대필 작가를 통해 자서전을 쓰려고 작가와 계약까지 했습니다. 그러던 중 지인의 소개로 AI 활용법을 배우게 되었습니다. AI 전문가로부터 집중 교육을 받고 GPT로 책을 쓰는 실습을 해봤습니다. "처음에는 제 이야기를 4~5시간 녹음해서 텍스트로 변환해 GPT에 넣어봤어요. 목차와 초안이 나오긴 했는데 만족도가 40% 정도였어요."

그때 권 사장은 교육에서 배운 대로 다른 방법을 시도했습니다. 그동안 기업인 대상 강의 자료, 전자신문 기고 칼럼, 회사 홍보자료, 유튜브 스크립트 등을 모두 텍스트로 만들어 GPT에 학습시켰습니다.

"이런 자료들에는 제 생각과 철학, 표현 방식이 오랫동안 담겨 있었거든요. 이걸 학습시킨 후 다시 본문을 뽑아보니 결과가 완전히 달라졌어요."

같은 내용도 마치 본인이 직접 쓴 것처럼 자연스러워졌고, 특유의 표현법과 사고방식이 그대로 반영되었습니다. "수준이 95%로 확실히 올라갔다고 느꼈습니다."

이후 AI가 생성한 초안을 읽으며 빠뜨린 에피소드들을 떠올리고 구체적인 감정과 디테일을 추가로 입력해 계속 다듬어 나갔습니다. 이런 과정을 5~6차례 반복했습니다. 시작한 지 3개월 만에 『보이는 길은 가지 않는다』라는 280페이지 자서전이 완성되었습니다.

"대필 작가 도움 없이 고급비서인 AI를 활용해 책을 완성했을 때의 성취감은 말로 표현할 수 없었어요. 무엇보다 제 목소리와 진정성이 고스란히 담겨 있다는 게 가장 큰 만족이었습니다." 현재 권 사장은 완성된 자서전으로 기업인과 청년들 대상 강의를 준비 중입니다.

"AI 덕분에 제 인생 이야기가 완성된 형태로 정리되어 더 체계적이고 임팩트 있게 전달할 수 있게 되었어요. 어려운 환경에 굴복하지 않고 끝까지 도전하는 사람들에게 용기와 희망을 주고 싶습니다."

권 사장의 성공 비결은 무엇이었을까요?

"AI에게 제대로 된 재료를 주는 것이 핵심이었어요. 제 글쓰기 스타일과 사고방식이 담긴 기존 자료들을 활용한 게 결정적이었습니다. AI는 단순한 도구가 아니라 협력 파트너예요."

2장

Data Preparation

AI를 위한 준비와 자료 수집하기

내가 걸어온 길 정리: 연표타임라인 작성으로 자서전의 뼈대 세우기

1

자서전을 쓰기 전에 반드시 해야 할 작업이 있습니다. 바로 인생 연표를 만드는 것입니다. 연표는 자서전의 뼈대이자 지도입니다. 이것 없이 글을 쓰면 길을 잃기 쉽습니다.

연표가 왜 필요한가요?

우리의 기억은 완벽하지 않습니다. 70~80년을 살아오면서 겪은 일들을 정확히 기억하기는 어렵습니다. '그게 몇 년이었지?', '그 일이 먼저였나, 저 일이 먼저였나?' 헷갈립니다.

연표를 만들면 기억이 명확해집니다. 언제 무슨 일이 있었는지 한눈에 볼 수 있습니다. 또한 빠뜨린 중요한 사건도 발견할 수 있습니다. '아, 이 시기 이야기를 깜빡했구나' 하고요.

75세 김영희 할머니는 말씀하셨습니다. "처음에는 그냥 생각나는 대로 썼어요. 그런데 나중에 보니 시간이 뒤죽박죽이더라고요. 연표를 만들고 나서야 내 인생이 체계적으로 정리됐습니다."

기본 연표 만들기: 큰 사건부터

처음부터 세세하게 만들려고 하지 마세요. 먼저 큰 사건들만 적습니다. 출생, 입학, 졸업, 취업, 결혼, 출산, 이사, 전직, 은퇴 같은 인생의 이정표들입니다.

종이나 워드 문서, 엑셀에 연도를 쭉 적고 그 옆에 사건을 적어봅니다.

1950년 - 경상북도 ○○에서 출생

1956년 - ○○초등학교 입학

1962년 - 초등학교 졸업, 중학교 진학 못함

1965년 - 서울로 상경, 공장 취직

1970년 - ○○과 결혼

1972년 - 장남 출생…

이렇게 큰 뼈대를 먼저 세웁니다. 대략 20~30개의 주요 사건이 나올 것입니다.

살을 붙이기: 시기별로 세분화

기본 연표가 완성되면 이제 각 시기를 세분화합니다. 예를 들어 '1965~1970년: 서울 공장 생활'이라는 시기를 다음과 같이 나눕니다.

1965년 - 서울 도착, 청계천 ○○공장 취직

1966년 - 기숙사 생활 시작

1967년 - 야간 중학교 입학

1968년 - 첫 월급 인상, 고향에 송금 시작

1969년 - 야간 중학교 졸업

1970년 - 선보고 결혼

이렇게 하면 5년이라는 시기가 훨씬 구체적으로 보입니다. 각 해에 무슨 일이 있었는지 명확해집니다.

개인사와 사회사 병행하기

연표에는 개인적 사건만이 아니라 사회적 사건도 함께 적으면 좋습니다. 여러분의 삶이 역사와 어떻게 맞물려 있는지 보여줄 수 있기 때문입니다.

1970년 - 결혼 [사회] 경부고속도로 개통

1972년 - 장남 출생 [사회] 유신헌법 선포

1975년 - 차남 출생 [사회] 베트남 전쟁 종료

1980년 - 이직, ○○회사 입사 [사회] 서울의 봄, 광주 민주화운동…

이렇게 하면 개인의 이야기와 시대의 이야기가 교차하며 입체적인 서술이 가능해집니다.

감정과 의미도 메모하기

연표에는 사실만이 아니라 감정과 의미도 간단히 메모해 두면 좋습니다. 나중에 글을 쓸 때 큰 도움이 됩니다.

1972년 - 장남 출생생애 가장 기쁜 날, 아버지가 된다는 책임감

1985년 - 아버지 돌아가심큰 상실감, 가장으로서 무게

1995년 - 승진, 부장 됨30년 노력의 결실, 자부심

이렇게 적어두면 나중에 그 부분을 쓸 때 어떤 감정을 담을지 쉽게 떠올릴 수 있습니다.

빠진 부분 채우기: 가족과 대화하기

혼자서는 기억이 잘 나지 않는 부분이 있습니다. 특히 어린 시절이나 오래전 일은 희미합니다. 이럴 때는 가족의 도움을 받으세요.

배우자에게 물어보세요. "우리가 처음 만난 게 몇 년이었지?", "첫째 아이가 초등학교 들어간 게 언제였지?" 배우자는 여러분이 잊은 것들을 기억하고 있을 수 있습니다.

형제자매가 계시다면 더 좋습니다. 어린 시절 이야기를 함께 나누면서 빠진 기억을 채울 수 있습니다. "우리가 그 집에 산 게 몇 년부터였지?", "아버지가 사업 시작한 게 언제였지?"

자녀들에게도 물어보세요. 그들의 어린 시절에 대해 그들이 기억하는 것과 여러분이 기억하는 것이 다를 수 있습니다. 그 차이 자체가 흥미로운 이야기가 됩니다.

자료를 활용한 연표 보완

사진첩, 일기장, 상장, 증명서, 급여 명세서 같은 자료들이 있다면 적극 활용하세요. 이것들은 정확한 연도와 날짜를 알려줍니다.

예를 들어 오래된 사진 뒷면에 "1975.8.15"라고 적혀 있다면 그것을 연표에 추가합니다. 졸업장, 재직증명서, 상장 같은 문서들도 정확한 날짜가 적혀 있어 유용합니다.

주민등록등본, 가족관계증명서 같은 공식 문서도 도움이 됩니다. 이사한 날짜, 자녀 출생 날짜 같은 것들이 정확히 나옵니다.

연표 만들기도 AI가 도와줄 수 있습니다. 여러분이 기억나는 대로 사건들을 나열하면 AI가 시간 순서로 정리해 줍니다. 또한 빠진 부분을 질문으로 확인해 줍니다. 또한 AI에게 당시 시대 배경을 물어볼 수 있습니다. "1975년 한국 사회는 어땠어?" 하고 물으면 그 해의 주요 사건, 사회 분위기, 경제 상황 등을 알려줍니다. 이것을 연표에 추가할 수 있습니다.

AI코치 - 프롬프트 예시

프롬프트: 시기별 세분화 도움받기

내 연표에서 1965~1975년은 "서울 생활 초기"로 되어 있습니다. 이 10년을 더 세분화하고 싶은데, 어떤 관점에서 나누면 좋을까요? 각 연도별로 떠올려볼 만한 질문들을 제시해 주세요. 예를 들어 직장, 거주지, 가족 관계, 경제 상황 등의 변화를 중심으로요.

평범한 일상 속 특별한 이야기 발견과 핵심 키워드 추출 2

"내 인생은 너무 평범해서 쓸 게 없어요." 많은 분들이 하시는 말씀입니다. 하지만 평범한 일상 속에 특별한 이야기가 숨어 있습니다. 문제는 그것을 발견하는 눈이 없다는 것입니다.

여러분이 평범하다고 생각하는 것들이 사실은 특별합니다. 왜 그럴까요? 시대가 달랐고, 환경이 달랐기 때문입니다.

예를 들어 "아침마다 우물에서 물을 길어 밥을 했다"는 것은 여러분에게는 평범한 일상이었습니다. 하지만 요즘 젊은이들에게는 상상도 못 할 일입니다. 수도꼭지만 틀면 물이 나오는 세상에서 자란 사람들에게 우물물 긷기는 신기한 이야기입니다.

"월급 받으면 먼저 쌀을 샀다"는 것도 마찬가지입니다. 지금은 쌀이 남아도는 세상이지만 여러분 시대에는 쌀이 가장 귀했습니다. 그 차이가 이야기가 됩니다.

특별한 이야기를 찾는 5가지 질문

평범한 일상에서 특별한 이야기를 찾으려면 이렇게 질문해 보세요.

첫째, 요즘과 무엇이 다른가?

과거와 현재를 비교하면 이야기가 보입니다. 전화가 없던 시절, TV가 없던 시절, 자동차가 귀하던 시절. 그 차이를 설명하는 것 자체가 흥미로운 이야기입니다.

둘째, 왜 그렇게 했는가?

당시에는 당연했지만 지금 생각하면 이유를 설명해야 하는 것들이 있습니다. "왜 설날에 새 옷을 입었나?", "왜 이웃집 간장을 빌려 쓰곤 했나?"라는 질문에 답하다 보면 당시의 문화, 경제 상황, 사회관계가 드러납니다.

셋째, 무엇이 가장 어려웠나?

어려움 속에 드라마가 있습니다. "자녀 학비 마련이 가장 힘들었다", "겨울에 연탄불 피우기가 고역이었다" 같은 이야기는 감동을 줍니다. 특히 그 어려움을 어떻게 극복했는지가 중요한 이야기입니다.

넷째, 무엇이 가장 기뻤나?

작은 기쁨들이 큰 이야기가 됩니다. "처음으로 흰 쌀밥을 먹었을 때", "첫 월급으로 어머니께 버선을 사드렸을 때", "아이가 처음 '아빠'라고 불렀을 때"와 같은 순간들이 독자의 마음을 움직입니다.

다섯째, 나만의 독특한 경험은 무엇인가?

누구나 하는 경험도 있지만 여러분만의 독특한 경험도 있을 것입니다. "나는 세 살 때 6·25전쟁을 피해 피난을 갔다", "나는 중동에서 5년을 일했다", "나는 시장에서 50년을 일했다"라는 경험들은 특별합니다.

핵심 키워드 뽑아내기

이야기를 찾았다면 이제 키워드를 추출합니다. 키워드는 여러분 삶의 핵심을 보여주는 단어들입니다. 이것을 모아두면 나중에 목차를 만들거나 글을 쓸 때 큰 도움이 됩니다.

키워드는 크게 세 가지 종류가 있습니다.

장소 키워드

여러분이 살았던 곳, 일했던 곳, 의미 있는 장소들입니다.

예: 고향 마을, 청계천, 구로공단, 서울역, 강남, 중동, 시장, 공장, 학교, 교회 등.

관계 키워드

여러분 인생의 중요한 사람들입니다.

예: 어머니, 아버지, 배우자, 자녀, 스승, 친구, 상사, 동료, 이웃 등.

가치/주제 키워드

여러분이 중요하게 여긴 것, 추구한 것, 배운 것들입니다.

예: 가난, 교육, 근면, 효도, 희생, 도전, 실패, 성공, 가족, 신념, 꿈, 좌절, 희망 등.

이 키워드들을 적어보세요. 종이에 마인드맵을 그리듯 중심에 "나의 인생"을 쓰고 주변에 키워드들을 배치합니다. 또는 리스트로 적어도 좋습니다.

일상의 디테일이 생명입니다. 특별한 이야기를 찾는다고 해서 거창한 사건만을 말하는 것이 아닙니다. 오히려 일상의 작은 디테일이 이야기를 살립니다. "우리 집은 가난했다"보다 "겨울이면 이불이 없어서 외투를 덮고 잤다"가 더 생생합니다. "서울 생활이 힘들었다"보다 "첫 월급 3,000원 중 2,000원을 하숙비로 내고 남은 1,000원으로 한 달을 버텼다"가 더 구체적입니다.

"시장 일이 고됐다"보다 "한여름 뙤약볕 아래 좌판을 벌이고 앉아 있으면 땀이 등줄기를 타고 흘렀다"가 더 생생합니다.

디테일은 독자를 그 현장으로 데려갑니다. 독자는 여러분의 이야기를 읽는 것이 아니라 경험하게 됩니다.

오감을 활용하라

이야기를 더 생생하게 만드는 비결은 오감입니다. 본 것, 들은 것, 맛본 것, 만진 것, 냄새 맡은 것을 떠올려 보세요.

- 시각: 초가지붕, 굴뚝 연기, 흙길
- 청각: 닭 우는 소리, 개 짖는 소리, 어머니 부르는 소리
- 후각: 된장찌개 끓는 냄새, 소똥 냄새, 풀 냄새
- 촉각: 거친 삼베옷, 차가운 마루, 더운 아궁이
- 미각: 보리밥, 된장, 김치

'시골 마을'이라고만 쓰지 말고 이렇게 오감으로 묘사하면 독자는 그 마을에 있는 듯한 느낌을 받습니다.

감정도 키워드다

사건만이 아니라 감정도 중요한 키워드입니다. 여러분이 느낀 감정들을 적어보세요. 두려움, 불안, 외로움, 그리움, 기쁨, 자부심, 수치심, 분노, 희망, 좌절, 감사, 사랑…, 각 감정과 연결된 사건이 있을 것입니다. "두려움"이라고 적었다면 '무엇이 두려웠나?', '그 두려움을 어떻게 극복했나?'를 생각해 봅니다.

감정은 독자와의 연결고리입니다. 사건은 다를 수 있어도 감정은 보편적입니다. 여러분의 두려움, 기쁨, 좌절을 솔직하게 쓰면 독자는 공감합니다.

키워드 추출도 AI가 도와줄 수 있습니다. 여러분이 이야기를 간단히 들려주면 AI가 핵심 키워드를 뽑아줍니다. "나는 1960년대에 서울 공장에서 일했어요. 힘들었지만 배웠던 시기였죠"라고 말하면 AI가 "공장, 서울, 1960년대, 노동, 청춘, 배움, 성장, 어려움" 같은 키워드를 추출해 줍니다.

또한 AI에게 "이 키워드로 어떤 이야기를 쓸 수 있을까?"라고 물으

면 구체적인 질문들을 던져 이야기를 끌어내도록 도와줍니다.

AI코치 - 프롬프트 예시

프롬프트: 평범한 일상에서 이야기 찾기

나는 30년간 시장에서 반찬 가게를 운영했습니다. 매일 새벽 4시에 일어나 재료를 준비하고 아침 7시에 가게를 열었습니다. 이런 평범한 일상에서 독자들이 흥미로워할 만한 이야기 소재를 10가지 찾아주세요. 각 소재에 대해 왜 그것이 특별한지, 어떤 관점에서 쓰면 좋을지 제안해 주세요.

자서전 자료 수집: 사진, 일기, 메모 등 아날로그 자료의 디지털화 실무

3

자서전을 풍부하게 만드는 비결은 구체적인 자료입니다. 기억만으로 쓰면 추상적이고 모호해집니다. 하지만 사진, 일기, 문서 같은 실제 자료가 있으면 이야기가 생생해집니다.

어떤 자료를 찾아야 하나요?

집 안 곳곳에 흩어져 있는 자료들을 모아보세요. 생각보다 많은 것이 있을 것입니다.

사진 자료: 가장 중요한 자료입니다. 옛날 사진, 가족사진, 직장 사진, 여행 사진 등. 사진첩은 물론이고 액자 속 사진, 서랍 속에 방치된 사진들까지 다 찾아보세요. 사진 뒷면에 날짜나 메모가 적혀 있다면 더욱 좋습니다.

문서 자료: 졸업장, 상장, 재직증명서, 사원증, 명함, 계약서, 월급명세서, 통장, 일기장, 수첩, 달력 등. 이런 것들이 당시의 구체적인 정보를 제공합니다.

편지와 엽서: 과거에 주고받은 편지, 군대 간 아들이 보낸 편지, 고향에 계신 부모님께 쓴 편지 등. 이것들은 당시의 생각과 감정을 생생하게 보여줍니다.

기념품과 물건: 첫 월급으로 산 물건, 결혼 예물, 자녀가 만든 선물, 상장, 트로피, 오래된 시계나 만년필 등. 물건 하나하나에 이야기가 있습니다.

영상과 음성: 오래된 비디오테이프, 카세트테이프, 녹음된 가족 행사 등. 이것들도 귀중한 자료입니다.

신문 스크랩: 자신이나 가족이 신문에 나온 기사, 중요한 사건의 신문 등. 시대상을 보여주는 좋은 자료입니다.

디지털화, 왜 필요한가?

찾은 자료들을 그대로 두면 언젠가 손상되거나 분실될 수 있습니다. 사진은 색이 바래고 종이는 누렇게 변하며 비디오테이프는 재생이 안 됩니다. 그래서 디지털화가 필요합니다.

디지털화하면 이런 장점이 있습니다. 첫째, 영구 보존됩니다. 파일로 저장하면 손상될 걱정이 없습니다. 둘째, 복사와 공유가 쉽습니다. 가족들에게 나눠줄 수 있습니다. 셋째, AI에게 학습시킬 수 있습니다. AI가 자료를 읽고 자서전 작성을 도와줍니다. 넷째, 책에 삽입하기 쉽습니다. 디지털 파일은 바로 출판에 사용할 수 있습니다.

문서 디지털화 실무

일기장, 편지, 증명서 같은 문서도 디지털화하세요.

스마트폰 스캔 앱: '스캐너 앱', '캠스캐너', '어도비 스캔' 같은 앱을 사용하면 스마트폰으로 문서를 PDF로 만들 수 있습니다. 자동으로 기울기를 보정하고, 글자를 선명하게 해 줍니다.

OCR 기능 활용: 스캔한 문서를 텍스트로 변환하는 기능입니다. 네이버 클로바 OCR, 구글 드라이브의 OCR 기능을 사용하면 이미지 속 글자를 텍스트 파일로 바꿀 수 있습니다. 손글씨는 인식이 어렵지만 인쇄된 글은 잘됩니다.

오래된 비디오테이프나 카세트테이프가 있다면 디지털로 변환하세요. 이것은 전문 업체에 맡기는 것이 좋습니다. VHS를 DVD나 파일로 변환해 주는 서비스가 있습니다. 변환된 영상이나 음성 파일은 컴퓨터에 잘 보관하세요. 그리고 백업을 여러 곳에 해두세요.

AI에게 자료 학습시키기

디지털화한 자료는 AI에게 학습시킬 수 있습니다. ChatGPT, Claude 같은 AI에 사진이나 문서를 업로드하면 AI가 읽고 이해합니다.

예를 들어, 1970년대 사진을 보여주면서 "이 사진을 보고 그 시절을 묘사해 줘"라고 하면 AI가 사진 속 옷차림, 배경, 분위기를 분석해 그 시대를 생생하게 묘사해 줍니다.

일기장을 스캔해서 보여주면 AI가 핵심 내용을 요약하고 중요한 사건을 찾아줍니다. 또한 일기를 바탕으로 그날의 이야기를 확장해서 써줍니다.

자료 수집은 한 번에 끝나는 일이 아닙니다. 자서전을 쓰는 내내 계속됩니다. 글을 쓰다가 '아, 그 사진이 어디 있었지?' 싶어서 다시 찾게 됩니다. 새로운 자료가 나오면 추가합니다.

그 과정 자체가 즐거운 시간여행입니다. 오래된 사진을 보며 웃고, 옛날 편지를 읽으며 울고, 추억에 잠깁니다. 그것이 바로 자서전 쓰기의 의미입니다.

자료는 단순한 증거가 아닙니다. 그것은 시간을 여행하는 타임머신이고 감정을 불러일으키는 촉매제입니다. 천천히, 즐기면서 자료를 찾고 정리하세요. 그 과정이 자서전 쓰기만큼이나 의미 있을 것입니다.

가족 인터뷰 실전: 배우자, 자녀와의 대화로 잊힌 기억 복원하기 4

우리의 기억은 불완전합니다. 잊어버린 것도 많고, 왜곡된 것도 있습니다. 하지만 가족들은 여러분이 잊은 것을 기억하고 있을 수 있습니다. 가족 인터뷰는 기억을 복원하는 강력한 도구입니다.

가족 인터뷰가 필요한 이유

첫째, 다른 시각을 제공합니다. 여러분이 기억하는 사건과 가족이 기억하는 사건이 다를 수 있습니다. 두 시각을 합치면 더 입체적인 이야기가 됩니다.

둘째, 빠진 기억을 채웁니다. '그때 내가 뭐라고 했지?', '그 집 주소가 어디였지?' 같은 것들을 가족이 기억할 수 있습니다.

셋째, 새로운 이야기를 발견합니다. 여러분은 중요하지 않다고 생각해 잊었지만 가족에게는 중요했던 순간이 있습니다. 그것이 좋은 이야기가 됩니다.

넷째, 관계를 깊게 합니다. 인터뷰 과정에서 서로를 더 이해하게 됩니다. '아버지가 그런 고생을 하셨구나', '어머니가 그렇게 생각하셨구나' 하고요.

누구를 인터뷰할까?

배우자: 가장 중요한 인터뷰 대상입니다. 수십 년을 함께 산 사람이니까요. 배우자는 여러분의 성격, 습관, 중요한 결정들을 잘 알고 있습니다. 또한 결혼 생활, 자녀 양육에 대한 공동 기억이 있습니다.

자녀: 자녀들은 여러분을 부모로서 기억합니다. '아버지는 이런 분이셨다', '어머니는 항상 이렇게 하셨다'는 이야기를 들을 수 있습니다. 또한 자녀 입장에서 기억에 남는 사건을 물어보세요.

형제자매: 어린 시절, 부모님에 대한 기억을 공유합니다. '우리 아버지가 어떤 분이셨지?', '어머니는 우리를 어떻게 키우셨지?' 함께 이야기하면 잊었던 것들이 떠오릅니다.

친구들: 오랜 친구는 여러분의 다른 면을 알고 있습니다. 가족에게 보이지 않는 모습, 직장에서의 모습, 젊은 시절의 꿈 같은 것들이요.

옛 동료: 직장 생활이 긴 챕터였다면 옛 동료를 인터뷰하세요. '그때 우리가 어떻게 일했는지', '그 프로젝트가 얼마나 힘들었는지' 함께 기억할 수 있습니다.

인터뷰 준비하기

인터뷰는 즉흥적으로 하는 것보다 준비를 하면 훨씬 좋습니다.

질문 리스트 만들기: 미리 물어볼 질문들을 적어두세요. 15~20개 정도면 적당합니다. 너무 많으면 부담스럽습니다.

배우자에게 물을 질문 예시:

- 우리가 처음 만났을 때 내 인상이 어땠어요?
- 결혼 초기 가장 힘들었던 것은 무엇이었나요?
- 내가 가장으로서 잘한 것과 못한 것은?
- 자녀를 키우면서 가장 기억에 남는 순간은?
- 내가 가장 변한 부분은 무엇인가요?

자녀에게 물을 질문 예시:

- 어렸을 때 아빠/엄마에 대한 첫 기억은?
- 아빠/엄마가 가장 자랑스러웠던 순간은?
- 아빠/엄마가 늘 하시던 말씀이나 행동은?
- 아빠/엄마에게서 배운 가장 중요한 것은?
- 우리 집만의 특별한 전통이나 습관은?

시간과 장소 정하기: 편안한 시간과 장소를 정하세요. 조용한 집, 카페, 산책하며 등. 서두르지 말고 충분한 시간을 두세요. 최소 1~2시간은 필요합니다.

녹음 준비: 대화 내용을 놓치지 않으려면 녹음이 좋습니다. 스마트

폰 녹음 기능을 사용하세요. 단, 상대방에게 양해를 구하세요. "내용을 정확히 기록하고 싶어서 녹음해도 될까?" 하고요.

인터뷰 진행하기

편안한 분위기 만들기: 인터뷰가 심문처럼 느껴지지 않도록 하세요. "자서전을 쓰는데, 당신 도움이 필요해", "우리 함께 추억을 떠올려보자" 하는 식으로 가볍게 시작하세요.

경청하기: 질문만 던지고 답을 기다리지 마세요. 상대방이 이야기할 때 고개를 끄덕이고, "그랬구나", "그래서?" 하며 격려하세요. 중간에 자르지 말고 끝까지 들으세요.

추가 질문하기: 흥미로운 이야기가 나오면 파고드세요. "그때 어떤 기분이었어요?", "그다음에는 어떻게 됐어요?" 하고 더 물어보세요. 준비한 질문에만 얽매이지 마세요.

감정 존중하기: 때로는 슬픈 기억, 아픈 기억이 나올 수 있습니다. 상대방이 힘들어하면 멈추세요. "이야기하기 힘들면 다음에 해도 돼" 하고 배려하세요.

메모하기: 녹음을 하더라도 중요한 것은 메모하세요. 키워드, 날짜, 특별한 표현 등. 나중에 녹음을 들으며 찾기 쉽습니다.

인터뷰 후 정리하기

인터뷰가 끝나면 바로 정리하세요. 시간이 지나면 생생함이 사라집니다.

녹음 듣고 정리하기: 녹음을 들으며 중요한 부분을 문서로 옮기세요. 전체를 다 받아 적을 필요는 없습니다. 핵심만 추려서 정리하세요.

감사 표현하기: 인터뷰에 응해준 가족에게 고마움을 표현하세요. "덕분에 귀한 이야기를 얻었어", "책이 완성되면 제일 먼저 보여줄게" 하고요.

추가 인터뷰 계획: 한 번으로 끝내지 말고, 필요하면 추가 인터뷰를 하세요. "다음에 또 궁금한 거 물어봐도 돼?" 하고 허락을 받아두세요.

AI에게 인터뷰 내용 분석 요청

정리한 인터뷰 내용을 AI에게 보여주고 분석을 요청할 수 있습니다. "이 인터뷰에서 가장 중요한 주제는 뭐야?", "이것을 어떻게 자서전에 활용할 수 있을까?" 하고 물어보세요.

AI는 인터뷰 속에서 패턴을 찾아줍니다. "가족들이 모두 당신의 '책임감'을 이야기하네요. 이것이 당신 삶의 핵심 가치인 것 같습니다"와 같은 통찰을 줍니다.

가족 인터뷰는 단순히 정보를 얻는 것이 아닙니다. 그것은 가족에게 주는 선물입니다. "당신의 이야기가 중요해", "당신의 기억이 필요해"라고 말하는 것이니까요.

또한 가족에게서 받는 선물이기도 합니다. 그들의 시각, 그들의 사랑, 그들의 기억을 선물 받는 것입니다.

AI코치 – 프롬프트 예시

프롬프트: 인터뷰 질문 리스트 만들기

나는 50년을 함께 산 배우자를 인터뷰하려고 합니다. 우리의 결혼 생활, 자녀 양육, 어려웠던 시기들을 중심으로 자서전에 활용할 수 있는 인터뷰 질문 20개를 만들어주세요.

질문은 구체적이고, 이야기를 끌어낼 수 있는 열린 질문으로 해 주세요.

사진/문서 스캔과 정리 실무: 스마트폰 앱 활용법과 파일명 규칙 5

디지털화의 중요성은 알겠는데, 실제로 어떻게 할까요? 이 절에서는 시니어도 쉽게 따라 할 수 있는 구체적인 방법을 알려드립니다. 복잡한 장비가 필요 없습니다. 스마트폰 하나면 충분합니다. 요즘 스마트폰 카메라는 성능이 뛰어나서 웬만한 스캐너보다 좋습니다.

사진 스캔 앱 추천

구글 포토스캔PhotoScan: 구글에서 만든 무료 앱입니다. 사진의 반사광을 자동으로 제거해 줘서 품질이 좋습니다.

네이버 MYBOX: 네이버 클라우드 앱입니다. 사진 스캔 기능이 있고, 자동으로 클라우드에 백업됩니다.

Microsoft Lens: 문서 스캔에 특화된 앱입니다. 사진도 찍을 수 있지만 문서일기, 편지 등를 스캔할 때 더 좋습니다.

문서 스캔 앱 추천

캠스캐너CamScanner: 가장 많이 사용하는 문서 스캔 앱입니다. 자동으로 문서의 가장자리를 인식하고, 기울기를 보정하며, 글자를 선명하게 만들어줍니다.

Adobe Scan: 어도비에서 만든 무료 앱입니다. OCR 기능이 있어서 스캔한 문서의 글자를 검색할 수 있습니다.

네이버 클로바노트: 문서를 스캔하면서 동시에 텍스트로 변환해 줍니다. 손글씨는 인식이 어렵지만 인쇄된 문서는 잘 인식합니다.

AI에게 정리 도움받기

스캔한 사진이나 문서를 AI에게 보여주면 도움을 받을 수 있습니다.

"이 사진들을 시간 순서로 정리하고 싶은데, 사진만 봐서는 언제인지 모르겠어요."

AI에게 사진을 여러 장 업로드하면 옷차림, 배경, 사진 품질 등을 보고 대략적인 연도를 추정해 줍니다.

"이 사진은 1970년대로 보입니다. 당시 유행하던 옷차림과 흑백사진의 질감으로 판단됩니다."

또한 "이 일기를 읽고 주요 사건을 요약해 줘"라고 하면 AI가 긴 일기의 핵심을 추려줍니다.

AI코치 - 프롬프트 예시

프롬프트: 사진 연도 추정하기

[사진 여러 장 업로드]

이 사진들의 대략적인 촬영 연도를 추정해 주세요. 옷차림, 배경, 사진 품질, 흑백/컬러 여부 등을 고려해서 판단해 주세요. 각 사진마다 추정 연도와 그렇게 판단한 이유를 설명해 주세요.

기억 보조 도구 활용: 옛날 신문 기사, 역사적 사건 검색으로 시대 배경 복원

6

기억은 희미합니다. '그때가 몇 년이었지?', '그 사건이 먼저였나, 저 사건이 먼저였나?' 확신이 서지 않습니다. 하지만 걱정 마세요. 기억을 도와주는 도구들이 있습니다. 자서전은 개인의 이야기이지만 동시에 시대의 이야기입니다. 여러분의 삶은 역사적 맥락 속에서 펼쳐졌습니다.

"1970년에 결혼했다"라고만 쓰면 단순한 사실입니다. 하지만 "1970년, 경부고속도로가 개통되던 해, 한국이 급속히 발전하던 그 시기에 나는 결혼했다"라고 쓰면 이야기가 입체적이 됩니다.

시대 배경을 넣으면 독자, 특히 젊은 독자들이 '아, 그때는 그랬구나' 하고 이해할 수 있습니다. 또한 여러분 자신도 '그래, 그때가 그런 시기였지' 하며 기억이 더 선명해집니다.

온라인 신문 아카이브 활용하기

과거 신문을 보면 그 시대가 생생하게 되살아납니다.

네이버 뉴스 라이브러리https://newslibrary.naver.com

- 조선일보, 동아일보, 경향신문, 매일경제 등의 과거 신문을 볼 수 있습니다.
- 1920년대부터 1999년까지 수백만 건의 기사가 있습니다.

국가기록원https://www.archives.go.kr

- 정부의 공식 기록을 볼 수 있습니다.
- 역대 대통령 기록, 중요 정책, 법령 등
- 사진, 영상 자료도 풍부합니다.

여러분이 겪은 역사적 사건새마을운동, 88올림픽, 외환위기 등의 공식 기록을 찾을 수 있습니다.

한국역사정보통합시스템http://www.koreanhistory.or.kr

- 한국사 전반의 방대한 자료
- 연표, 인물, 사건 정보
- 초보자도 쉽게 사용 가능합니다.

연도별 주요 사건 확인하기

여러분이 살아온 시대의 주요 사건을 정리해 두면 자서전 쓰기에 큰 도움이 됩니다.

1950년대: 6·25전쟁1950~1953, 휴전1953, 전후 복구, 원조 경제, 이승만 정부, 4·19혁명1960

1960년대: 5.16군사정변1961, 박정희 정부, 경제개발 5개년계획, 베트남 파병1964, 경부고속도로 착공1968

1970년대: 경부고속도로 개통1970, 새마을운동, 유신1972, 중화학공업 육성, 중동 건설 붐, 10·26사태1979

1980년대: 서울의 봄1980, 광주민주화운동1980, 전두환 정부, 3저호황, 88서울올림픽1988, 6월 민주항쟁1987

1990년대: 지방자치제 실시, 문민정부, 외환위기1997, IMF 구제금융

2000년대: IT 혁명, 월드컵2002, 참여정부, 금융위기2008

각 시기마다 여러분의 나이, 하던 일, 생활 모습을 대입해 보세요. "1970년 경부고속도로 개통 때 나는 20살, 서울로 막 상경했을 때다" 이런 식으로요.

AI코치 - 프롬프트 예시

프롬프트: 시대 배경 설명 요청

1970년대 초반 한국 사회의 모습을 생생하게 묘사해 주세요.

경제 상황물가, 월급 수준, 사회 분위기, 유행했던 것들, 사람들의 관심사, 일상생활의 모습.

자서전에 사용할 수 있도록 구체적이고 생동감 있게 써주세요.

자서전 집필 시 피해야 할 4가지 주제: 갈등, 비밀, 정치, 지나친 미화

7

자서전을 쓸 때는 솔직함과 신중함 사이의 미묘한 균형을 찾아야 합니다. 모든 것을 다 쓸 필요는 없으며, 어떤 주제는 피하는 것이 자신과 가족, 그리고 독자를 위해 현명한 선택입니다.

가족 갈등은 신중하게 다루세요

가족 이야기는 자서전의 핵심 요소입니다. 하지만 가족 간의 갈등, 다툼, 원망을 그대로 드러내면 여러 문제가 발생할 수 있습니다. 책을 읽은 가족이 상처받을 수 있고 다른 가족 구성원들이 충격을 받을 수도 있습니다. "할아버지와 아버지가 그렇게 사이가 안 좋았어?"라는 반응을 듣게 될지도 모릅니다. 특히 고인이 된 분의 경우 변명할 기회가 없어 더욱 조심해야 합니다.

갈등을 완전히 숨길 필요는 없지만 표현 방식이 중요합니다. "형은 평생 나를 질투했다. 부모님의 사랑을 독차지하려 했고 내가 성공하는 것을 방해했다"라고 쓰는 대신 "형과 나는 성격이 달랐다. 형은 조용하고 신중했고, 나는 활발하고 도전적이었다. 그 차이 때문에 때로는 오해도 있었지만 나이가 들면서 서로를 이해하게 되었다"라고 표현하는 것이 좋습니다.

갈등의 원인을 파헤치기보다는 극복 과정에 초점을 맞추고 상대방의 입장도 이해하려는 태도를 보이세요. 현재 관계가 회복되었다면 그것을 강조하고 정말 민감한 내용을 쓰고 싶다면 해당 가족에게 먼저 원고를 보여주고 동의를 구하는 것이 바람직합니다.

가족의 비밀은 공개하지 마세요

모든 가족에게는 외부에 알려지지 않은 비밀이 하나씩은 있기 마련입니다. 혼외 관계, 입양 사실, 전과, 질병, 경제적 파탄 등의 민감한 정보를 자서전에 담는 것은 매우 위험한 일입니다. 이런 비밀들은 당사자들이 평생에 걸쳐 숨기고 싶어 했던 것들이며, 이를 공개하는 순간 가족 관계는 돌이킬 수 없을 정도로 악화될 수 있습니다.

또한 이런 내용들은 명예훼손이나 사생활 침해로 이어져 법적 문제를 일으킬 수도 있습니다. 가족의 신뢰를 잃고 법정 공방까지 벌이게 된다면 자서전을 쓴 본래 목적과는 정반대의 결과를 낳게 됩니다. 어떤 비밀이든 그것이 타인과 관련된 것이라면 함부로 공개해서는 안 됩니다.

정치적 견해는 최소화하세요

누구나 특정한 정치적 견해를 가지고 있지만 자서전에 정치 이야기를 많이 포함시키면 여러 문제가 발생합니다. 반대 의견을 가진 독자들은 책을 읽다가 덮어버릴 수 있고 이는 독자층을 불필요하게 분열시키는 결과를 낳습니다. 또한 지금은 중요해 보이는 정치적 이슈도 20년 후에는 무의미해질 수 있어 자서전의 시대적 가치를 떨어뜨릴 수 있습니다.

정치를 완전히 배제할 수는 없습니다. 여러분의 삶이 정치적 사건들과 맞물려 있기 때문입니다. "1987년 6월, 나라 전체가 민주화를 열망하던 시기였다. 나도 그 흐름 속에 있었다"처럼 역사적 사실을 언급하고 개인적 경험을 중심으로 서술하는 것은 괜찮습니다. 하지만 "○○ 정당은 무능했고, ○○ 대통령은 독재자였다" 같은 정치적 판단과 비난은 피해야 합니다.

역사적 사실은 쓰되 정치적 판단은 최소화하고, '나는 이렇게 생각했다'는 표현하되 '이것이 옳다'고 주장하지는 마세요. 특정 정당이나 인물을 비난하지 말고, 빠르게 변하는 현 정치 상황은 언급하지 않는 것이 좋습니다.

지나친 미화는 역효과를 낳습니다

자서전은 여러분을 돋보이게 하는 책이지만 지나치면 오히려 역효과를 낳습니다. "나는 평생 실수한 적이 없다", "나의 모든 결정은 옳았다", "나는 늘 가족을 위해 희생했고, 한 번도 이기적인 적이 없다", "내 성공은 순전히 내 능력 덕분이다" 같은 표현은 독자로 하여

금 "정말?"이라는 의심을 불러일으킵니다. 완벽한 사람은 존재하지 않기 때문입니다.

지나친 미화는 진정성을 떨어뜨리고 독자가 공감하기 어렵게 만듭니다. 완벽한 사람의 이야기는 멀게 느껴지고 실패와 극복 과정이 없으면 배울 것도 없습니다. 겸손한 척하면서 자랑하는 것처럼 보일 수도 있습니다.

오히려 여러분의 실수, 실패, 후회를 솔직하게 쓰는 것이 독자의 마음을 움직입니다. 인간적인 약점과 그것을 극복해 가는 과정을 보여주는 것이 더 감동적이고 교훈적입니다. 완벽하지 않았기에 더욱 진실한 이야기가 되는 것입니다.

법적 문제와 가족 동의

위에서 언급한 주제들은 법적 문제를 일으킬 수도 있습니다. 타인의 명예를 훼손하는 내용, 특히 허위 사실이거나 입증할 수 없는 내용은 민사·형사상 책임을 질 수 있습니다. 타인의 사생활을 동의 없이 공개하는 것도 문제가 됩니다. 따라서 타인에 대한 부정적 내용은 쓰지 말고 실명 대신 이니셜이나 가명을 사용하는 것이 안전합니다.

민감한 내용을 쓸 때는 관련된 가족에게 미리 원고를 보여주고 동의를 구하세요. "이 부분을 이렇게 썼는데, 괜찮을까? 불편하면 빼거나 수정할게"라고 말하는 것이 좋습니다. 이렇게 하면 출판 후 발생할 수 있는 갈등을 미리 예방할 수 있습니다.

정말 중요한 이야기인데 민감한 내용이라면 가족만 보는 버전과 출판용 버전을 따로 만들거나 사후 출판을 지정하는 방법도 있습니다. 하지만 무엇보다 중요한 것은 자서전이 갈등을 만드는 책이 아니라 이해와 화합을 돕는 책이 되어야 한다는 점입니다. 독자들, 특히 가족들이 여러분을 더 잘 이해하고 더 사랑하게 만드는 책이 되려면 신중함이 필요합니다. 쓰고 싶은 것을 다 쓰는 것이 아니라 써야 할 것을 지혜롭게 선택해서 쓰는 것이 진정한 자서전의 가치입니다.

AI코치 – 프롬프트 예시

프롬프트: 자화자찬 톤 완화하기

다음 문장이 너무 자랑처럼 들리는 것 같습니다:

"나는 회사에서 최고의 직원이었다. 모든 프로젝트를 성공시켰고 상사와 동료들의 존경을 받았다." 더 겸손하고 진정성 있게 다시 써주세요. 다른 사람의 도움과 운도 인정하고 완벽하지 않았음도 암시하면서요.

자서전 쓰기 완주를 위한 '목표 선언문' 작성과 활용 8

준비가 끝났습니다. 이제 본격적으로 쓰기 시작할 단계입니다. 그 전에 두 가지를 해야 합니다. 첫째, 왜 쓰는지 명확히 하기. 둘째, 쓸 수 있는 환경 만들기.

목표 선언문: 내가 왜 이 책을 쓰는가

"나는 왜 자서전을 쓰는가?" 이 질문에 명확히 답할 수 있어야 합니다. 그래야 중간에 포기하지 않습니다. 목표 선언문은 여러분이 자서전을 쓰는 이유와 목표를 명확히 적은 문장입니다. 이것을 책상 앞에 붙여두고 힘들 때마다 보세요.

목표 선언문 작성법

1) 왜 쓰는가?동기

예: • 내 인생을 정리하고 의미를 찾기 위해

• 가족의 역사를 기록으로 남기기 위해

• 같은 시대를 산 사람들과 경험을 나누기 위해

2) 누구를 위해 쓰는가?독자

예: • 나의 세 자녀와 다섯 손주를 위해

• 같은 세대의 친구들을 위해

• 우리 세대를 이해하고자 하는 젊은 세대를 위해

3) 언제까지 완성할 것인가?기한

예: • 2026년 내 75회 생일까지

• 내년 8순 기념을 위해 연말까지

이 세 가지를 합쳐 선언문을 만드세요.

선언문 예시

"나, OOO은는 나의 세 자녀와 다섯 손주에게 할아버지의 삶과 가치관을 전하기 위해 자서전을 쓴다. 2026년 6월 내 75회 생일까지 완성하여 가족들에게 선물할 것을 다짐한다."

"나, OOO은는 1950~1960년대 한국의 격변기를 살아온 한 사람으로서 그 시대의 생생한 기록을 후세에 남기기 위해 자서전을 쓴다.

6개월 안에 초고를 완성하고 1년 안에 출판할 것을 결심한다."

"나, ○○○은는 나 자신의 삶을 돌아보고 의미를 정리하기 위해, 그리고 자녀들이 아버지를 더 깊이 이해할 수 있도록 자서전을 쓴다. 매주 3일, 하루 2시간씩 작업하여 올해 안에 완성할 것을 다짐한다."

선언문 활용법

- 큰 글씨로 인쇄해서 책상 앞에 붙이세요.
- 컴퓨터 바탕화면에 설정하세요.
- 스마트폰 배경화면으로 하세요.
- 가족들에게 선언하세요"나 자서전 쓸 거야. 응원해 줘.".

힘들 때마다 이것을 보며 초심을 떠올리세요.

AI코치 - 프롬프트 예시

프롬프트: 작업 계획 세우기

나는 일주일에 3일, 하루 2시간씩 자서전을 쓸 수 있습니다.

6개월 안에 200페이지 분량을 완성하고 싶습니다.

현실적이고 구체적인 주차별 작업 계획을 세워주세요.

3장

GPT Setup

GPT 이해와 시니어 맞춤 AI 글쓰기 환경 구축

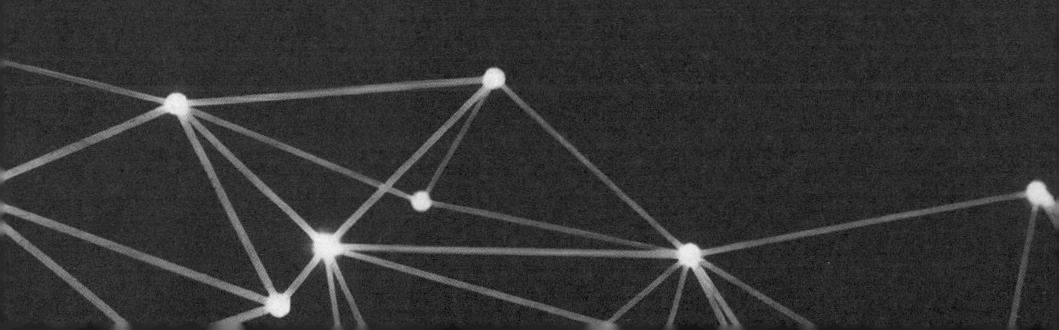

자서전 쓰기에 적합한 AI 챗봇 선택과 기초 활용법 1

챗봇은 인공지능 기술을 활용하여 사람과 자연스러운 대화를 나누며 다양한 업무를 도와주는 프로그램입니다. 마치 24시간 언제든 대화할 수 있는 개인 비서나 글쓰기 도우미와 같은 역할을 합니다. 컴퓨터나 스마트폰을 통해 글로 질문하면 AI가 즉시 답변하고 요청사항을 처리해 줍니다.

복잡한 프로그램 설치나 어려운 조작법을 익힐 필요가 없습니다. 인터넷에 연결된 기기만 있으면 웹사이트나 앱을 통해 쉽게 접근할 수 있습니다. AI 챗봇의 가장 큰 장점은 인간의 언어를 이해하고 맥락을 파악하며 창의적인 글쓰기까지 도와준다는 점입니다. 단순한 검색 엔진과 달리 대화를 통해 점진적으로 사용자의 의도를 파악하고 맞춤형 도움을 제공합니다.

60대 이상 시니어 세대에게 AI 챗봇을 활용한 자서전 쓰기는 그야말로 혁신적인 경험입니다. 컴퓨터에 익숙하지 않은 분들도 걱정할 필요가 없습니다.

AI는 무한한 인내심을 가진 대화 상대입니다. 같은 질문을 여러 번 해도 짜증내지 않으며 천천히 반복 설명해 줍니다. 손자녀들이 바쁜 시간에도 언제든 귀 기울여주는 친구 같은 존재입니다. 기억이 가물가물한 과거 사건들을 체계적으로 정리하는 데도 탁월합니다. "1970년대 우리 동네 모습이 어땠지?"라고 물으면 시대적 배경을 제공하여 기억을 되살려주며 개인적 경험과 시대적 맥락을 자연스럽게 연결해 줍니다.

어려운 맞춤법이나 문법도 자동으로 교정해 줍니다. 손으로 쓰던 시절의 습관으로 틀린 표현을 써도 AI가 자연스럽게 다듬어줍니다. "그때 참 힘들었다"는 단순한 표현을 "인생의 무게가 어깨를 짓누르던 시절"처럼 문학적으로 승화시켜 줍니다. 이렇게 AI로 정리한 가족사를 자녀들과 나누며 세대 간 이해의 폭을 넓히는 새로운 소통의 기회도 얻을 수 있습니다.

현재 다양한 AI 챗봇이 있으며 각각 고유한 특징을 가지고 있습니다. 자서전 쓰기 목적에 맞는 선택이 중요합니다. ChatGPT는 OpenAI에서 개발한 대표적인 AI로, 감성적이고 대화에 능하며 문체의 흐름을 자연스럽게 잡아줍니다. 개인적 이야기를 풀어낼 때 공감적 반응을 잘 보입니다. 유료 버전을 써야만 원하는 작업을 할 수 있기 때문에 자서전 쓰기에는 더 정교한 툴을 권장합니다.

Claude는 Anthropic에서 만든 AI로, 윤리적 감수성이 높고 글이 부드럽습니다. 개인적 경험을 존중하며 진중한 톤으로 대화하고, 긴 텍스트 처리 능력이 뛰어나 장편 자서전 작성에 적합합니다.

Gemini는 구글의 AI로 정보 검색과 사실 검증에 강합니다. 역사적 사건이나 시대적 배경을 정확히 확인하고 싶을 때 유용하며 개인사와 역사적 맥락을 연결하는 데 도움이 됩니다.

Perplexity는 자료 요약과 분석력이 뛰어난 AI입니다. 신문 기사나 역사 자료를 바탕으로 한 조사형 자서전 작성에 특히 적합하며 객관적 자료와 개인 경험을 조화롭게 엮어줍니다.

각 AI의 무료 버전으로 먼저 시도해 본 후 본인의 글쓰기 스타일과 가장 잘 맞는 것을 선택하여 유료 버전으로 업그레이드하면 됩니다. 중요한 것은 자신이 편안하게 대화할 수 있고 원하는 톤과 스타일의 글을 만들어주는 AI를 찾는 것입니다.

AI를 글쓰기 파트너로 삼을 때 가장 중요한 것은 명확한 목적과 친절한 태도입니다. 명령하듯 "써라"보다는 "이 이야기를 함께 정리해 보겠습니다"라고 부탁하듯 말하면 훨씬 자연스럽습니다. AI는 감정이 없지만 인간의 감정을 표현하는 데 탁월합니다. 당신이 따뜻하게 말할수록 글의 온도도 따뜻해집니다. AI는 당신의 과거를 대신 살 수는 없으나 당신의 소중한 기억을 가장 아름다운 문장으로 엮어줄 수 있는 든든한 동반자입니다.

생성형 AI 5총사의 특징과 책글쓰기 활용

2

현재 세계 시장을 주도하는 주요 AI 모델 중 도서 제작과 글쓰기에 많이 사용되는 생성형 AI 5총사는 ChatGPT, Gemini, Perplexity, CLOVA X, Claude입니다. 각각은 서로 경쟁하면서 출판계에 혁신적인 변화를 일으키고 있습니다. 5총사는 각기 책과 글을 쓰는 데 장단점을 가지고 있으므로 강점 중심으로 활용하는 것이 좋습니다. 한 가지 질문에 만족스럽지 않을 경우 다른 AI를 번갈아 사용해 답을 구한 뒤 원하는 것을 취사선택하면 됩니다.

OpenAI ChatGPT – 창작과 아이디어의 최강자

ChatGPT는 2022년 11월 30일 출시되어 단 1주일 만에 100만 명 이상의 사용자를 돌파하는 기록을 세웠습니다. 2025년 오픈AI는 GPT-5의 통합 아키텍처를 기반으로 한 GPT-5.1를 발표하며 또 한 번의 큰 도약을 이루었습니다. 2025년 10월 10일에 공개된 GPT-5.1은 질문의 난이도와 성격에 따라 메인Main·싱킹Thinking·프로Pro 모드가 자동으로 전환되는 고도화된 멀티모드 라우팅 기능을 갖추고 있습니다. 이어 2025년 12월 11일 발표된 한 GPT-5.2는 단순한 대화형 비서를 넘어 스스로 업무를 계획하고 완수하는 자율적 에이전트로 진화했습니다. 이 모델은 Instant, Thinking, Pro 세 가지 라인업을 통해 용도별 최적화된 성능을 제공합니다. 특히 인간 전문가 수준의 업무 수행력을 증명하는 GDPval 테스트에서 압도적인 성적을 거두었으며, 40만 토큰에 달하는 방대한 데이터를 한 번에 처리하는 능력을 갖췄습니다. 또한 자가 교정 코딩과 정밀한 시각 분석 기능을 바탕으로 실무 보고서나 엑셀 파일까지 직접 생성합니다. 환각 현상을 획기적으로 줄여 신뢰성을 높인 GPT-5.2는 이제 우리 곁의 가장 유능한 AI 직장 동료로 자리매김하고 있습니다.

Google Gemini – 정보 분석과 멀티모달의 선구자

구글의 인공지능 모델인 Gemini제미나이는 지속적인 진화를 거듭하며 콘텐츠 생성의 새로운 지평을 열고 있습니다. Gemini는 2023년 12월 6일 Gemini 1.0 출시를 시작으로, 2024년 2월 15일에는 Gemini 1.5 모델이 공개되며 큰 발전을 이루었습니다. 이후 2025년 2월 5일 Gemini 2.0이 정식 출시되었으며, 이 모델의 가장 큰 특징은 텍스트, 이미지, 오디오를 동시에 다룰 수 있는 혁신적인 멀티모달 출력 기능을 탑재했다는 점입니다. 이 기능을 통해 사용자는 텍스트와 이미지, 오디오를 결합한 풍부하고 입체적인 콘텐츠를 제작할 수 있게 되었습니다.

2025년 3월 26일에는 Gemini 2.5가 출시되면서 Deep Think와 같은 고급 추론 모드를 제공하기 시작했으며, 특히 컨텍스트 윈도우 지원 능력에서 획기적인 발전을 이루었습니다. 매우 긴 문서나 데이터를 한 번에 처리하는 것이 가능합니다. 이는 장편 소설, 복잡한 연구 논문, 방대한 자서전 원고 등 대규모 텍스트 자료를 작성하고 분석하는 데 매우 유리합니다.

2025년 말 공개된 Gemini 3은 '박사급 추론 능력'과 고도의 멀티모달 이해력을 갖춘 차세대 AI입니다. 특히 12월 17일 발표된 'Gemini 3 플래시Flash'는 이전 프로Pro급의 지능을 유지하면서도 속도는 3배 빠르고 비용은 획기적으로 낮춘 것이 특징입니다.

이 모델은 단순한 답변을 넘어 스스로 코딩하고 복잡한 워크플로우를 수행하는 '에이전트' 기능에 최적화되어 있습니다. 현재 Gemini 앱의 기본 모델로 적용되어 있으며, 논리적 사고가 필요한 작업을 위한 'Deep Think' 모드도 함께 지원하여 일상적 대화부터 전문적인 연구까지 폭넓게 활용 가능합니다.

Perplexity – 검색과 실시간 정보의 혁신

2022년 설립된 스타트업으로, AI 기반 검색 엔진과 대화형 AI를 결합한 혁신적인 플랫폼입니다. 2024년 월 활성 사용자 1억 명을 돌파하며 급속한 성장을 보여주고 있습니다.

웹에서 실시간으로 최신 정보를 검색하여 가장 최신의 데이터와 트렌드를 반영한 답변을 제공합니다. 모든 답변에 신뢰할 수 있는 출처를 명시하여 팩트체크가 용이하고 인용과 참고자료가 필요한 학술적 글쓰기에 특히 유용합니다. Pro Focus 기능을 통해 학술논문, 뉴스 등 특정 소스에 집중한 검색이 가능하여 목적에 맞는 정보 수집이 효율적입니다.

Perplexity는 단순한 검색을 넘어 지식이 시작되는 곳Where Knowledge Begins이라는 슬로건처럼 사용자가 질문의 의도를 빠르게 파악하고 신뢰할 수 있는 출처 기반의 최신 정보를 제공함으로써 연구자, 개발자, 전문가 등 지식 기반 업무를 수행하는 이들에게 없어서는 안 될 강력한 AI 검색 및 리서치 도구로 인정받고 있습니다.

Anthropic Claude – 안전성과 윤리적 글쓰기의 선도자

2021년 OpenAI의 전직 연구진들이 설립한 Anthropic에서 개발한 생성형 AI로, AI의 안전성과 윤리성을 최우선 가치로 둡니다. 현재 Claude 4 모델 패밀리는 2025년 8월에 출시된 Claude Opus 4.1와 2025년 9월 29일 출시된 Claude Sonnet 4.5로 구성되어 있습니다. Claude Sonnet 4.5는 일상적인 사용을 위한 똑똑하고 효율적인 모델입니다. Claude의 최신 모델은 2025년 11월에 출시된 Claude Opus 4.5입니다.

Claude Opus 4.5는 가장 지능적인 모델로, 코딩·에이전트·컴퓨터 제어 분야에서 세계 최고 성능을 기록했습니다.

Claude Sonnet 4.5는 속도와 지능의 균형이 가장 뛰어나며, 실무 워크플로우와 복잡한 에이전트 구축에 최적화되어 있습니다.

Claude Haiku 3.5는 가장 빠르고 비용 효율적인 모델로, 실시간

응답과 대량 데이터 처리에 적합합니다.

Claude의 가장 큰 특징은 Constitutional AI라는 독특한 학습 방법을 통해 개발되었다는 점입니다. 이 방법을 통해 Claude는 스스로 안전 가이드라인을 설정하고 준수하도록 훈련되어 유해하거나 편향된 답변을 최소화합니다.

특히 긴 문서의 요약과 분석, 복잡한 텍스트 처리에 뛰어난 성능을 보이며 다른 AI에 비해 자연스러운 대화가 가능합니다. 창작 글쓰기와 한국어 구사 능력이 뛰어나기 때문에 문학적 글쓰기 작업에 매우 유용합니다. 자서전 쓰기에서 Claude는 단순히 정보를 나열하는 것이 아니라 개인의 경험과 감정을 섬세하게 표현하고 스토리텔링 구조를 잡아주는 역할을 합니다.

네이버 CLOVA X – 한국어와 한국 문화의 전문가

2023년 8월 대한민국을 대상으로 출시된 한국형 대화형 인공지능 서비스입니다. 해외 경쟁사 모델보다 6,500배 많은 순수 한국 데이터를 이용해 학습되어 한국 문화와 사회에 대해 높은 이해도를 보유하고 있습니다.

대규모 고품질 한국어 데이터로 수준 높은 한국어 구사 능력과 작문 실력을 자랑하며, 한국인이 공감할 수 있는 깊은 감수성을 표현할 수 있습니다. 한국사, 한국 문학, 한국 사회 이슈에 대한 깊이 있는 이해를 바탕으로 하며 모든 기능을 무료로 제공하여 접근성이 뛰어납니다.

생성형 AI 5총사 활용 전략과 선택 가이드

이 다섯 가지 AI는 각기 다른 특성과 장점을 가지고 있어 목적과 필요에 맞게 전략적으로 선택하는 것이 중요합니다. 초안 작성이나 창의적인 아이디어가 필요할 때는 ChatGPT를, 깊이 있는 자료 조사가 필요할 때는 Gemini를, 최신 정보와 팩트 체크가 필요하면 Perplexity를, 한국적 정서가 중요한 글에서는 CLOVA X를, 장문의 글을 쓸 때나 객관적이고 윤리적인 검토가 필요할 때는 Claude를 활용하면 좋습니다.

각 AI의 강점을 조합하여 활용하면 더욱 완성도 높은 글쓰기가 가능합니다. 꼭 하나만 선택할 필요는 없습니다. 다섯 가지를 용도별로 나눠 쓰는 것을 추천합니다. ChatGPT는 초안 작성에 사용하세요. 대화하듯 편하게 이야기를 풀어놓고 그것을 글로 만들어달라고 하세요. 가장 자연스럽고 대화가 잘됩니다.

AI는 무료 버전과 유료 버전이 있습니다. 무료 버전만으로도 자서전을 쓸 수 있습니다. 다만 유료 버전은 몇 가지 장점이 있습니다. ChatGPT의 유료 버전ChatGPT Plus은 월 20달러입니다. 더 빠르고, 더 똑똑한 버전GPT-5.2을 쓸 수 있습니다. Claude의 유료 버전Claude Pro도 비슷한 가격입니다. 더 많은 질문을 할 수 있고, 더 긴 문서를 한 번에 처리할 수 있습니다. Gemini의 유료 버전Gemini Advanced도 월 20달러입니다. 더 정확하고 깊이 있는 답변을 받을 수 있습니다.

생성형 AI 5종사 활용 분야별 평가표

활용 분야	ChatGPT	Gemini	Perplexity	CLOVA X	Claude
창의적 글쓰기	★★★★☆	★★★★☆	★★★☆☆	★★★☆☆	★★★★★
학술 논문	★★★★☆	★★★★★	★★★★★	★★★☆☆	★★★★★
비즈니스 문서	★★★★☆	★★★★☆	★★★☆☆	★★★☆☆	★★★★☆
한국어 콘텐츠	★★☆☆☆	★★★★☆	★★★★☆	★★★★★	★★★★☆
데이터 분석	★★☆☆☆	★★★★★	★★★★★	★★★☆☆	★★★★☆
안전성/윤리	★★☆☆☆	★★★☆☆	★★★★☆	★★★★☆	★★★★★
장문 처리	★★★☆☆	★★★★★	★★★★☆	★★★☆☆	★★★★★
아이디어 발상	★★★★★	★★★★☆	★★★☆☆	★★★★☆	★★★★☆

책과 글을 자동으로 써주는 플랫폼 활용법

3

AI 플랫폼을 활용하여 자서전을 쓰는 것은 이제 누구나 자신의 삶을 체계적이고 효율적으로 기록할 수 있게 만드는 새로운 방법으로 주목받고 있습니다. 이는 기존의 자서전 제작이 가진 글쓰기의 부담감을 크게 줄여주며, 개인의 경험과 지식을 깊이 있게 담아낼 수 있도록 돕습니다. 특히, 단순히 텍스트를 입력하는 것을 넘어 음성 인식 기술을 통해 구술된 이야기를 AI가 분석하고 구조화하는 방식이 논픽션 분야에서 강점을 보입니다.

AI 자서전 제작 과정은 크게 세 단계로 진행됩니다. 먼저, 사용자는 자신의 경험, 지식, 그리고 독자에게 전달하고 싶은 핵심 메시지를 구체적인 스토리나 데이터 형태로 AI 플랫폼에 제공합니다. 이 과정은 대면 인터뷰 녹음 파일이나 직접 녹음한 구술 자료를 업로드하는 방식으로 이루어집니다.

다음으로, AI는 이 방대한 정보를 바탕으로 논리적인 목차를 구성하고 각 챕터의 초안을 신속하게 생성합니다. 이 단계에서 AI는 이야기의 일관성을 유지하고 서사 구조를 체계적으로 정리하는 역할을 수행합니다.

마지막으로, AI가 만든 초안에 사용자는 자신만의 감정, 톤, 그리고 깊은 통찰력을 추가하여 문장을 다듬습니다. 최종적으로는 전문 편집자의 검수를 거쳐 완성도를 높이고 책으로 출판하게 됩니다. 이러한 플랫폼을 활용하면 자신의 삶을 체계적인 책으로 빠르게 구현할 수 있습니다.

AI는 이 방대한 정보를 바탕으로 논리적인 목차를 구성하고 각 챕터의 초안을 신속하게 생성합니다. 해외 AI 플랫폼으로는 Lifestory AI, Jasper 등 여러 회사가 있는데 국내에는 대표적인 회사로 레페토 AI가 있습니다.

AI 플랫폼 '레페토 AI'를 활용한 자서전 쓰기의 실제

국내 플랫폼인 레페토 AIRepeto AI는 휴먼 인터뷰와 AI 기술을 결합하여 자서전 제작을 돕는 대표적인 서비스입니다. 이 플랫폼은 단순히 자서전뿐만 아니라 언론, 학술, 전문 AI 글쓰기까지 지원합니다. 레페토 AI는 기존의 제작 방식과 비교할 때 시간과 비용 측면에서 큰 혁신을 이루었습니다. 대필 작가에 의존하던 방식과 비교해 시간은 6분의 1로 단축하고 비용은 3분의 1 수준으로 절감했습니다. 기존에는 6개월에서 1년이 걸렸으나 레페토 AI는 이러한 효율성을 바탕으로 누구나 작가가 될 수 있도록 돕는 창작 지원 도구Tool입니다.

레페토 AI의 가장 큰 특징은 인터뷰 기반 서사 구성입니다. 단순한 글쓰기 작업이 아니라, 고객과의 인터뷰 녹음 파일이나 구술 데이터를 핵심 자료로 활용합니다. 또한 레페토 AI는 다양한 글쓰기 스타일을 구현하는 데 집중합니다. 글 쓰는 방식은 사람마다 다르고 그 스타일을 DB화해 AI에 학습시키는 것이 핵심입니다.

레페토 AI의 철학은 명확합니다. 단 하나의 베스트셀러보다 수많은 개인의 삶과 경험이 담긴 기록이 진정한 콘텐츠가 된다는 것입니다. 이대범 대표는 "이제는 독자보다 저자가 많아지는 시대"라며 읽기 위해서가 아니라 남기기 위해 책을 만드는 시장에 주목한다고 말합니다. AI 기술로 집필의 문턱을 낮추며 당신의 이야기를 한 권의 책으로 완성하는 파트너가 되어드립니다.

레페토 AI를 활용한 자서전 제작은 서비스를 신청하고 책의 방향을 협의합니다. 자서전 쓰기를 원하는 분은 '엄마의 인터뷰' 사이트로 바로 들어가면 사용할 수 있습니다. 전문 작가와의 대면 인터뷰를 진행하거나 가족과의 자가 녹음을 통해 이야기를 구술하면 AI가 음성 데이터를 분석해 초고를 작성합니다.

먼저 B2B 중심으로 기업 회고록, 지자체·대학의 역사 기록, CEO 자서전 등을 진행하고 일반 소비자용 B2C 서비스 '레페토 AI'를 출시하였습니다. 초고를 다듬고 추억이 담긴 사진을 AI로 복원하며 최종 검토를 거친 후 실물 도서 또는 E-Book 형태로 완성됩니다.

프롬프트의 기본 개념과 중요성 4

프롬프트의 정의

프롬프트는 ChatGPT 같은 AI와 대화할 때 사용하는 '명령어' 또는 '질문'입니다. AI에게 "이런 글을 써달라"라고 부탁하는 지시문인 셈입니다. 기술적으로 설명하면 프롬프트는 대규모 언어 모델의 연산 과정을 특정 방향으로 유도하여 원하는 결과를 얻어내는 입력 텍스트입니다. 모델의 확률 분포를 조정해서 원하는 답변이 나올 가능성을 높이는 역할을 합니다.

글쓰기에서 프롬프트는 작가와 AI 사이의 '창작 협업 도구'라고 볼 수 있습니다. 음식점에서 주문할 때처럼 구체적으로 말할수록 원하는 결과를 얻을 가능성이 높아집니다.

실제로 비교해 보면 차이가 확연합니다. "소설을 써달라"고 막연하게 요청하는 것과 "1980년대 서울을 배경으로 한 청춘 로맨스 소설의 첫 번째 챕터를 3인칭 관찰자 시점으로 3,000자 분량으로 작성해 달라. 주인공은 대학생이고 첫 만남의 설렘을 섬세하게 묘사해 달라"고 구체적으로 요청하는 것은 완전히 다른 결과를 만들어냅니다.

프롬프트는 단순한 질문이나 명령문을 넘어서 AI의 추론 과정을 설계하는 중요한 도구입니다. 특히 글쓰기에서는 창작의 방향성, 문체, 구조, 내용의 깊이를 결정하는 핵심 요소가 됩니다. 좋은 프롬프트는 AI가 작가의 의도를 정확히 파악하고 그에 맞는 창작물을 생성할 수 있도록 안내하는 역할을 합니다.

프롬프트의 중요성

프롬프트는 AI 모델의 내부 구조를 바꾸지 않고도 결과를 조절할 수 있는 유일한 방법입니다. 같은 AI라도 어떻게 부탁하느냐에 따라 글의 품질, 정확성, 창의성이 완전히 달라집니다. 이는 요리사에게 "맛있는 것을 해달라"고 하는 것과 "매콤달콤한 떡볶이를 중간 맵기로 치즈 토핑을 올려서 해달라"고 하는 것의 차이와 같습니다.

글쓰기 영역에서 이런 차이는 더욱 극명하게 드러납니다. "에세이를 써달라"는 기본적인 요청과 "개인적 경험을 바탕으로 '실패에서 배운 교훈'이라는 주제로 성찰적 에세이를 작성해 달라. 구체적인 사례 하나를 중심으로 감정의 변화 과정을 솔직하게 드러내고 독자가 공감할 수 있는 따뜻한 문체로 1,500자 내외로 써달라"는 발전된 요청은 완전히 다른 품질의 에세이를 만들어냅니다.

프롬프트는 AI의 지식 검색 능력, 추론 능력, 글쓰기 과정을 활성화하는 촉매제 역할을 합니다. AI가 가지고 있는 잠재적 능력과 실제로 발휘하는 능력 사이의 격차를 좁히는 핵심 요소인 셈입니다. 특히 창작 영역에서는 작가의 상상력과 AI의 언어 생성 능력을 효과적으로 결합시키는 다리 역할을 합니다.

좋은 프롬프트는 AI로 하여금 단순한 정보 나열이 아닌 감정과 스토리가 있는 살아있는 텍스트를 만들어내도록 합니다. 반대로 부실한 프롬프트는 평면적이고 기계적인 글을 결과로 가져옵니다. 따라서 프롬프트 설계 능력은 AI 시대의 글쓰기에서 핵심적인 역량이라고 할 수 있습니다.

프롬프트 엔지니어링Prompt Engineering

프롬프트 공학은 AI의 결과물을 최적화하기 위한 프롬프트 설계 및 개선 과정을 체계화한 분야입니다. 거창한 이름이지만 실제로는 AI와 효과적으로 소통하는 방법을 익히는 것입니다. 자연어 처리, 인지과학, 컴퓨터 과학의 원리를 결합하여 AI의 내부 작동 과정을 효과적으로 조율하는 기술적 접근법이라고 할 수 있습니다.

글쓰기 분야에서 프롬프트 공학은 특별한 의미를 갖습니다. 전통적인 글쓰기가 작가 개인의 영감과 기법에 의존했다면, AI 협업 글쓰기에서는 프롬프트 설계 능력이 창작 품질을 결정하는 핵심 요소가 됩니다. 이는 영화감독이 배우들에게 연기 지도를 하는 것과 유사합니다. 좋은 감독이 배우의 잠재력을 최대한 끌어내듯이 숙련된 프롬프트 사용자는 AI의 창작 능력을 최적화할 수 있습니다.

프롬프트 공학의 핵심은 몇 가지 요소로 구성됩니다.

첫째, 구체적으로 표현하는 것입니다. “재미있게”보다는 “유머러스하면서도 감동적으로”라고 명시하는 것이 훨씬 효과적입니다.

둘째, 분량을 정하는 것입니다. "길게"보다는 "2,000자 정도로"라고 구체적인 수치를 제시하는 것이 좋습니다.

셋째, 스타일을 지정하는 것입니다. "격식 있게" 또는 "친근한 말투로"처럼 문체를 명확히 하는 것입니다.

넷째, 배경을 설명하는 것입니다. 누가 읽을 글인지, 어떤 목적인지를 알려주는 것입니다.

다섯째, 복잡한 작업은 여러 단계로 나누어 지시하는 것입니다. 반복 연습을 통해 AI와 소통하는 감각을 기르는 것이 중요합니다.

마지막으로 AI를 창작 파트너로 인식하는 것입니다. 단순한 도구가 아닌 창작 파트너로 여기는 관점이 필요합니다. AI 시대의 글쓰기에서 프롬프트 활용 능력은 선택이 아닌 필수가 되었다고 해도 과언이 아닙니다.

효과적인 프롬프트의 구성 요소 5

명확한 지시사항

효과적인 프롬프트의 핵심은 모델에게 제공하는 지시의 명확성과 정밀성입니다. 모호함이나 다의성을 최소화하고 작업의 범위와 목표를 명시적으로 정의해야 합니다. 글쓰기에서 명확한 지시사항은 창작의 방향성을 결정하는 나침반 역할을 합니다.

나쁜 예: "소설을 써줘."

좋은 예: "현대 한국을 배경으로 한 심리 스릴러 단편소설을 작성해 줘. 주인공은 30대 회사원으로 기억 상실증을 앓고 있으며 자신의 과거를 추적하는 과정에서 충격적인 진실을 발견하는 내용이야. 1인칭 주인공 시점으로 서술하고, 긴장감을 점진적으로 높여가며 마지막에 반전을 제시해 줘. 분량은 5,000자 내외로 작성해 줘."

또한 문학적 장치나 기법에 대한 요구사항도 명시할 수 있습니다. "은유와 상징을 활용해서", "대화를 통해 인물의 성격을 드러내며", "시간의 흐름을 역순으로 배치하여" 등의 구체적인 기법 요청은 더욱 정교한 작품을 만들어냅니다. 이처럼 명확한 지시사항은 AI의 무한한 가능성을 특정한 창작 방향으로 집중시키는 역할을 합니다.

맥락 제공

맥락은 모델이 적절한 지식 영역을 활성화하고 출력의 관련성을 높이는 데 필수적입니다. 특정적 배경 정보, 관련 선행 지식, 작업의 의도와 목적을 포함함으로써 모델의 표현 공간을 효과적으로 제한할 수 있습니다. 글쓰기에서 맥락 제공은 AI가 적절한 문화적, 시대적, 장르적 배경을 이해하고 그에 맞는 글을 쓸 수 있도록 돕습니다.

글쓰기에서 맥락 제공의 또 다른 중요한 측면은 독자층과 게재 매체에 대한 정보입니다. 같은 주제라도 누구를 대상으로 하느냐, 어디에 게재될 것이냐에 따라 글의 성격이 완전히 달라집니다. 맥락 제공에서 주의할 점은 너무 많은 정보를 한꺼번에 제공하지 않는 것입니다. 핵심적이고 글쓰기에 직접적으로 영향을 미치는 맥락 정보만 선별해서 제공해야 합니다. 또한 맥락 정보는 사실에 기반해야 하며 잘못된 정보를 제공하면 글의 신뢰성에 문제가 생길 수 있습니다.

역할 설정

역할 설정은 모델의 출력 스타일, 어조, 관점을 조정하는 메타 프레임워크를 제공합니다. 특정 전문가나 페르소나를 지정함으로써 모델의 내재된 지식 표현을 효과적으로 활성화할 수 있습니다. 글쓰기에서 역할 설정은 특히 중요한데, 누구의 시각에서 글을 쓰느냐에 따라 문체, 어조, 접근 방식이 완전히 달라지기 때문입니다.

글쓰기 활용 예시:

- "20년 경력의 베테랑 소설가처럼 인물의 심리를 섬세하게 묘사하며 단편 소설을 써줘."
- "10대 청소년의 시각으로 첫사랑의 설렘과 아픔을 솔직하게 담은 일기체 에세이를 써줘."
- "문학 평론가의 관점에서 이 소설의 주제 의식과 문학적 기법을 분석하는 비평문을 작성해 줘."

역할 설정이 단순한 스타일 변경을 넘어서는 이유는 각 역할이 가진 고유한 전문성과 사고방식 때문입니다. 예를 들어 의사의 관점에서 건강 관련 글을 쓸 때와 환자의 관점에서 쓸 때는 사용하는 용어, 접근 방식, 강조점이 모두 다릅니다. 소설가의 시각에서는 문학적 표현과 은유를 중시하지만 기자의 시각에서는 사실의 정확성과 간결한 전달을 우선시합니다.

형식 지정

출력 형식의 명확한 구조화는 모델의 생성 프로세스를 안내하고 일관된 결과물을 보장합니다. 구조적 형식은 모델의 출력을 특정 스키마에 맞추는 강력한 제약으로 작용합니다. 글쓰기에서 형식 지정은 글의 구조와 체계를 미리 설계함으로써 더욱 완성도 높은 작품을 만들어냅니다.

형식을 미리 정해주면 글의 균형과 완성도가 크게 향상됩니다. 또한 작가가 놓치기 쉬운 요소들을 체계적으로 포함시킬 수 있습니다. 형식 지정은 특히 논문, 보고서, 기사 등 구조가 중요한 글쓰기에서 매우 유용합니다.

제약 조건

제약 조건은 모델의 생성 자유도를 의도적으로 제한하여 출력의 품질과 관련성을 개선합니다. 길이 제한, 복잡성 수준, 어휘 범위, 스타일 제약 등을 명시함으로써 모델의 토큰 선택 공간을 효과적으로 축소할 수 있습니다. 글쓰기에서 제약 조건은 무한한 가능성을 특정한 창작 방향으로 집중시키는 역할을 합니다.

글쓰기 제약 조건 예시:

- "중학생도 이해할 수 있는 쉬운 어휘로 환경 문제에 대한 설명문을 작성해 줘."
- "2,000자 이내로 간결하면서도 임팩트 있는 자기소개서를 작성해 줘."
- "은유나 비유를 최소 5개 이상 사용하여 봄을 주제로 한 산문시를 써줘."
- "대화체를 70% 이상 포함하여 인물들의 성격이 드러나는 희곡을 작성해 줘."
- "과거형으로만 서술하고 감정 표현을 절제하여 담담한 톤의 회고록을

써줘."

제약 조건을 설정할 때는 핵심적인 요소들만 선별해서 제시하는 것이 중요합니다. 너무 많은 제약을 동시에 가하면 AI가 혼란스럽거나 창의성이 과도하게 제한될 수 있습니다. 또한 제약 조건들 사이에 모순이 없는지 확인해야 합니다. 예를 들어 "간결하게 써줘"와 "자세히 묘사해 줘"는 서로 상충하는 제약이므로 둘 중 하나를 우선순위로 정해야 합니다.

효과적인 프롬프트 구성하기 위한 6가지 요소

생성형 AI 모델인 GPT를 사용할 때, 프롬프트를 잘 구성하면 더 나은 결과를 얻을 수 있습니다. 프롬프트를 구성할 때 효과적인 방법은 여러 가지가 있지만 여기서는 6가지 구성요소를 감안해서 작성하면 아주 효과적입니다.

1) 명령[task]

프롬프트에는 반드시 명령이 포함되어야 합니다. 예를 들어 "요약해 줘" 또는 "찾아봐 줘"와 같이 서술어로 기술해야 하며. 자세한 답변을 원한다면 한 번에 한 가지 명령만 주는 것이 좋습니다.

2) 맥락[context]

상황을 잘 설명해야 합니다. 어떤 배경인지, 어떤 조건이나 규칙이 있는지, 최종적으로 어떤 결과물이 나와야 하는지를 자세히 설명해 주어야 하며 상황을 구체적으로 잡아줄수록 GPT가 맥락을 이해하기 쉬워져서 좋은 답변을 해줍니다.

3) 페르소나[persona]

해당 문제를 가장 잘 해결할 수 있을 만한 사람이 누구인지 가정하고, 그 역할을 맡아서 대화하라고 하면 좋습니다. 예를 들어 "초보 작가 입장에서 답변해 줘"라고 하면 전문작가가 아닌 글쓰기에 초보자 입장에서 알기 쉬운 용어로 답변이 나옵니다. 페르소나가 구체적일수록 전문영역에 가까운 답을 제공해 줍니다.

4) 예시[example]

문제와 관련된 예시를 1~2개 정도 프롬프트에 넣어주면 GPT가 예시를 기반으로 답변을 작성해 줍니다. 무료 버전에선 텍스트로 예시를 주고 유료 버전에선 웹링크나 파일도 첨부할 수 있습니다.

5) 포맷[format]

결과물의 형식이나 분량, 내용 구성을 미리 지정해 주면 좋습니다. 표 형식으로 달리해 달라거나 마크다운으로 작성하라고 하거나 아웃라인을 주면서 어떤 식으로 구성하라고 말해주면 됩니다.

6) 어조[tone]

결과물의 어조도 정할 수 있습니다. "간단명료하게", "친근한 말투로" 같은 형용사를 주거나, 어떤 예시 텍스트의 어조를 따라 하라고 하면 됩니다.

이렇게 프롬프트에 여러 요소를 잘 녹여내면 GPT의 능력을 최대한 이끌어낼 수 있습니다.

'사용자 정의 지침' 설정: AI를 나의 전담 작가이자 비서로 설정하는 프롬프트

6

AI를 처음 만났을 때는 낯선 사람입니다. 여러분이 누구인지, 무엇을 원하는지 모릅니다. 하지만 AI에게 여러분을 소개하고 어떻게 도와주면 좋을지 알려주면 AI는 여러분의 전담 비서가 됩니다.

이것을 '사용자 정의 지침' 또는 'Custom Instructions'라고 합니다. 한 번만 설정해 두면, 앞으로 AI와 대화할 때마다 그 설정이 적용됩니다. 마치 새로 고용한 비서에게 "나는 이런 사람이고, 이렇게 일하는 것을 좋아해"라고 알려주는 것과 같습니다.

사용자 정의 지침은 어떻게 설정하나요?

ChatGPT에 로그인하면 화면 오른쪽 아래에 여러분의 이름이나 프로필 아이콘이 보입니다. 그것을 클릭하면 메뉴가 나옵니다. 거기서 'Settings설정' 또는 'Customize ChatGPT'를 찾으세요.

그러면 두 개의 빈칸이 나옵니다. 첫 번째는 "What would you like ChatGPT to know about you to provide better responses?ChatGPT가 당신에 대해 무엇을 알았으면 좋겠습니까?"입니다. 여기에 여러분 자신에 대해 쓰세요.

두 번째는 "How would you like ChatGPT to respond?ChatGPT가 어떻게 답변하기를 원하십니까?"입니다. 여기에 AI가 어떤 방식으로 도와주면 좋을지 쓰세요.

첫 번째 칸에는 무엇을 쓸까요?

여러분 자신에 대해 쓰는 것입니다. 나이, 배경, 하고 싶은 일을 간단히 적으세요.

예를 들면 다음과 같습니다.

"나는 73세 남성입니다. 1951년 경상도 시골에서 태어나 1970년대 서울로 상경했습니다. 직장 생활 35년을 하고 은퇴했습니다. 지금은 자서전을 쓰고 있습니다. 컴퓨터는 기본만 할 수 있고, 글쓰기 경험은 거의 없습니다. 손주들에게 내 삶을 물려주고 싶어서 이 책을 쓰고 있습니다."

이렇게 쓰면 AI는 여러분이 누구인지 기억합니다. 다음에 대화할 때 "나는 1951년생이야"라고 다시 말할 필요가 없습니다. AI가 이미 알고 있으니까요.

두 번째 칸에는 무엇을 쓸까요?

AI가 어떻게 도와주면 좋을지 쓰는 것입니다. 여러분이 원하는 글의 스타일, 도움받고 싶은 방식을 적으세요.

예를 들면 다음과 같습니다.

"나를 70대 초보 작가라고 생각하고 친절하게 설명해 주세요. 복잡한 설명보다는 구체적인 예시를 들어주세요. 한 번에 한 가지씩 천천히 진행해 주세요. 내가 실수해도 비판하지 말고 다시 해볼 수 있게 격려해 주세요."

설정하면 어떻게 달라지나요?

설정 전에는 AI에게 매번 "나는 70대이고…"라고 설명해야 했습니다. 설정 후에는 AI가 자동으로 여러분을 기억합니다. "오늘은 어린 시절 이야기를 쓸까 해"라고만 하면, AI는 여러분이 1950년대생이고 시골 출신이라는 것을 알고, 그에 맞는 질문과 도움을 줍니다.

"이 문장 좀 다듬어줘"라고 하면 AI는 여러분이 원하는 쉽고 따뜻한 문체로 고쳐줍니다. 어려운 한자어를 쓰지 않고 짧은 문장으로 만들어줍니다.

Claude에서도 비슷하게 할 수 있습니다

Claude에는 'Custom Instructions' 메뉴가 따로 없지만 첫 대화에서 자세히 소개하면 비슷한 효과를 얻을 수 있습니다. 첫 대화를 다음과 같이 시작하세요.

"안녕하세요. 나는 73세이고 자서전을 쓰고 있습니다. 앞으로 당신과 오랫동안 작업할 예정이니 나에 대해 알려드릴게요. [여기에 위에서 쓴 내용을 붙여넣기] 이제부터 나를 이렇게 이해하고 도와주세요."

Claude는 대화 내용을 기억하므로 이렇게 한 번 말해두면 계속 기억합니다.

구글의 Gemini나 마이크로소프트의 Copilot도 요즘은 '프로필' 혹은 '페르소나Persona' 기능을 통해 비슷한 방식으로 개인 설정을 지원합니다.

왜 이것이 중요한가요?

사용자 정의 지침을 설정하는 것은 시간을 절약합니다. 매번 "나는 70대이고…"라고 설명하지 않아도 됩니다. 더 중요한 것은 AI가 여러분에게 맞춤화된 도움을 준다는 것입니다. 마치 여러분을 잘 아는 친한 친구가 도와주는 것처럼 AI도 여러분의 상황과 취향을 고려해서 답변합니다.

이 책을 읽으면서 지금 당장 AI를 켜고 사용자 정의 지침을 설정해 보세요. 위의 예시를 참고해서 여러분만의 소개를 써보세요. 완벽하지 않아도 괜찮습니다. 일단 써보고 나중에 고치면 됩니다. 이 한 번의 설정이 앞으로 몇 달간의 작업을 훨씬 편하게 만들어줄 것입니다.

Claude Projects를 활용한 체계적 작업 관리

1) 정의

Claude Projects는 Claude AI의 고급 기능입니다. 사용자가 특정 주제나 작업별로 독립적인 대화 공간을 생성하고 관리할 수 있는 워크스페이스 시스템입니다. 일반적인 채팅과 달리 특정 목표나 주제에 집중된 환경을 제공하여 여러 작업을 동시에 진행하면서도 각각의 진행 상황과 맥락을 명확하게 유지할 수 있습니다.

2) 특징

Claude Projects의 핵심 특징은 맥락 유지와 개별화입니다. 각 프로젝트는 독립적인 메모리를 가져 해당 프로젝트 내 대화와 정보만 기억합니다. 이를 통해 소설 쓰기, 비즈니스 기획서 작성, 학습 계획 수립 등 서로 다른 성격의 작업을 혼재 없이 진행할 수 있습니다. 각 프로젝트마다 Claude가 특정 역할이나 톤으로 응답하도록 설정할 수 있어 커스터마이징할 수 있어 편리합니다. 또한 파일 업로드 기능을 통해 관련 문서나 자료를 업로드하여 Claude가 참조하며 작업할 수 있습니다.

3) 사용 방법

Claude 웹에서 'New Project' 버튼을 클릭하여 시작합니다. 프로젝트 제목은 "소설 쓰기"보다는 "미스터리 단편소설 사라진 열쇠"처럼 구체적으로 설정하는 것이 효과적입니다.

Custom Instructions를 통해 Claude의 역할을 정의합니다. "당신은 경험이 풍부한 편집자로서 건설적 피드백을 격려하는 톤으로 제공해 주세요"와 같이 구체적으로 명시하면 일관된 상호작용을 얻을 수 있습니다.

다른 웹에서도 유사 기능이 있는데, ChatGPT는 'GPTs'라는 기능으로 특정 목적에 맞는 개인화된 버전을 만들 수 있으며, Google의 Gemini는 'Gems'라는 기능으로 개인화된 AI 어시스턴트를 생성할 수 있습니다. Gems는 특정 전문 분야나 작업 스타일에 최적화되며 Google 서비스와의 연동성이 강점입니다. 사용자는 자신의 작업 스타일과 필요에 따라 가장 적합한 플랫폼을 선택할 수 있습니다.

AI의 글쓰기 톤 앤 매너 코칭: 문체와 말투의 일관성 유지 설정

7

같은 이야기도 어떻게 말하느냐에 따라 느낌이 달라집니다. "비가 왔다"와 "비가 내렸다", "비가 주룩주룩 내렸다"는 모두 다릅니다. 자서전도 마찬가지입니다. 어떤 톤tone과 매너manner로 쓰느냐가 중요합니다. 톤은 말투, 분위기입니다. 매너는 격식, 예의 정도입니다.

톤과 매너는 왜 중요한가요?

일관된 톤이 있으면 책이 자연스럽게 읽힙니다. 1장은 딱딱하고 격식 있는데 2장은 갑자기 캐주얼하면 어색합니다. 독자가 '이거 다른 사람이 쓴 건가?' 하고 의아해합니다. 또한 톤은 여러분의 정체성을 보여줍니다. 따뜻한 톤의 책은 따뜻한 사람이 썼다고 느껴집니다. 유머러스한 톤의 책은 유머러스한 사람이 썼다고 느껴집니다.

어떤 톤이 좋을까요?

이것은 여러분이 어떤 사람인지, 누구에게 쓰는지에 달려 있습니다.

따뜻하고 다정한 톤: 손주에게 들려주듯 편안한 말투입니다. "할아버지가 너희 나이였을 때는 말이야…." 가족에게 쓰는 자서전에 적합합니다.

진지하고 성찰적인 톤: 인생을 깊이 있게 되돌아보는 말투입니다. "그때 나는 중요한 선택의 기로에 서 있었다…." 철학적이고 의미를 강조하고 싶을 때 좋습니다.

담백하고 사실적인 톤: 있는 그대로 담담하게 전달하는 말투입니다. "1975년 나는 서울로 갔다. 돈이 없었다. 하지만 포기하지 않았다." 객관적이고 절제된 느낌입니다.

유머러스하고 경쾌한 톤: 가벼운 농담을 섞은 말투입니다. "그땐 정말 엉망이었지. 지금 생각하면 웃기지만 말이야." 밝고 긍정적인 느낌을 주고 싶을 때 좋습니다.

어떤 톤을 선택할까요?

여러분의 성격에 맞는 톤을 선택하세요. 평소 말투가 편안하고 따뜻하다면 따뜻한 톤을 선택하세요. 평소 진지하고 신중하게 말씀하신다면 진지한 톤을 선택하세요. 독자도 고려하세요. 어린 손주들이 주 독자라면 따뜻하고 쉬운 톤이 좋습니다. 같은 세대 친구들이 독자라면 담백하고 사실적인 톤도 좋습니다.

AI에게 톤을 알려주세요

사용자 정의 지침에 톤을 명시하세요.

내 자서전은 따뜻하고 다정한 톤으로 쓰고 싶습니다. 마치 손주에게 직접 이야기하듯 편안하고 친근하게 써주세요. "~했다"보다는 "~했어", "~했지" 같은 부드러운 어미를 사용해 주세요.

매너격식도 설정하세요

격식 있는 매너: "~입니다", "~습니다" 체. 공식적이고 정중합니다.

중간 매너: "~이다", "~한다" 체. 대부분의 책에서 사용하는 표준적인 말투입니다.

편한 매너: "~야", "~지", "~어" 체. 일기나 편지처럼 친근합니다.

다음과 같이 AI에게 알려주세요.

"문장 종결은 '~했다', '~이었다' 같은 평서체를 사용해 주세요. 너무 격식 있는 '~했습니다'는 피하고 너무 편한 '~했어'도 피해 주세요. 중간 톤으로요."

일관성이 핵심입니다

어떤 톤을 선택하든, 중요한 것은 일관성입니다. 처음부터 끝까지 같은 톤을 유지하세요. 독자는 톤의 일관성을 무의식적으로 느낍니다. 일관되면 '편안하게 읽히네' 하고, 불일치하면 '뭔가 어색해'라고 느낍니다.

처음 정한 톤이 마음에 안 들면 바꾸세요. 3장까지 썼는데 톤이 안 맞다 싶으면 1~3장을 새로운 톤으로 다시 쓸 수도 있습니다. 톤을 정하는 것은 여러분의 목소리를 찾는 것입니다. 책을 읽는 사람이 '이 사람은 이런 사람이구나' 하고 느끼는 것이 톤입니다. 여러분다운 편안한 톤을 찾으세요. 억지로 문학적으로 쓰려 하지 마세요. 평소 여러분이 말하는 방식, 그것이 가장 좋은 톤입니다.

AI코치 – 프롬프트 예시

프롬프트: 톤 찾기

나는 평소 따뜻하고 긍정적으로 말하는 편입니다. 손주들과 대화할 때 편안하고 친근하게 말합니다. 내 자서전에 적합한 톤을 제안해 주세요. 그리고 그 톤으로 다음 문장을 써주세요: "1950년 나는 시골에서 태어났다. 가난했지만 행복했다."

AI 자서전 쓸 때 정보의 정확성 검증 습관과 디지털 리터러시 향상 8

AI는 똑똑하지만 완벽하지 않습니다. 때로는 틀린 정보를 줄 수 있습니다. 특히 구체적인 역사적 사실이나 날짜를 물어볼 때 조심해야 합니다.

'AI가 말했으니 맞겠지'라고 무조건 믿지 마세요. 확인하는 습관이 필요합니다. 이것을 '디지털 리터러시digital literacy', 즉 디지털 정보를 제대로 읽고 판단하는 능력이라고 합니다.

AI가 틀릴 수 있는 경우

첫째, 구체적인 날짜나 숫자입니다. "1975년 서울 집값이 얼마였어?"라고 물으면 AI가 답하지만 정확하지 않을 수 있습니다. AI는 추측해서 그럴듯한 답을 만들어낼 수 있습니다.

둘째, 여러분의 개인적 기억입니다. "내가 1980년에 뭐 했더라?"

라고 물으면 AI는 모릅니다. 여러분이 알려준 정보가 없으면 AI는 일반적인 1980년 이야기만 할 수 있습니다.

셋째, 최신 정보입니다. AI의 지식은 특정 시점까지만 업데이트되어 있습니다. ChatGPT-5.2는 2025년 8월 31일까지의 정보를 포함하고 있습니다.

어떻게 확인할까요?

방법 1: 다시 물어보기

AI에게 같은 질문을 다르게 표현해서 다시 물어보세요. 답이 같으면 신뢰할 수 있습니다. 답이 다르면 의심해야 합니다.

첫 질문: "1975년 서울 집값이 얼마였어?"

AI 답변: "평균 500만 원 정도였습니다."

다시 질문: "1970년대 중반 서울 아파트 가격은 어느 정도였어?"

AI 답변: "300~700만 원 정도였습니다."

두 답변이 대체로 일치하면 신뢰할 수 있습니다.

방법 2: 인터넷 검색하기

중요한 사실은 네이버나 구글에서 직접 검색해 보세요. "1975년 서울 집값"을 검색하면 관련 자료가 나옵니다. 신문 기사, 통계 자료를 확인하세요.

방법 3: 가족에게 물어보기

"1980년에 우리 집이 어디였지?", "내가 그때 무슨 일 했더라?" 등을 물어보며 가족에게 확인하세요. 특히 배우자나 자녀는 함께 경험했으니 기억할 것입니다.

방법 4: 옛날 자료 확인하기

일기, 편지, 사진에 적힌 날짜를 확인하세요. "이 사진 뒤에 1978년이라고 쓰여 있네. AI가 1980년이라고 했는데 틀렸구나."

AI에게 확인을 부탁하세요

AI에게 "이 정보가 정확해? 확실해?"라고 물어보세요. 그러면 AI가 자신의 답변을 재검토합니다.

나: 1975년 서울 집값이 얼마였어?

AI: 평균 500만 원 정도였습니다.

나: 이 정보 확실해? 추측이야 아니면 사실이야?

AI: 죄송합니다. 정확한 통계는 확인이 필요합니다. 1970년대 중반 서울 집값은 지역과 규모에 따라 차이가 컸습니다.

AI가 불확실하다고 인정하면 직접 확인이 필요하다는 신호입니다.

디지털 리터러시 키우기

디지털 리터러시는 어려운 것이 아닙니다. 몇 가지 습관만 들이면 됩니다.

습관 1: 의심하기

AI가 말했다고 무조건 믿지 마세요. '정말 그럴까?', '확실한가?' 하고 한 번 더 생각하세요.

습관 2: 비교하기

여러 출처를 비교하세요. AI가 한 말, 인터넷 검색 결과, 가족의 기억을 비교하면 진실에 가까워집니다.

습관 3: 기록하기

확인한 사실은 메모해 두세요. "1978년 우리 집은 영등포였다. 일기장 20페이지 참조." 나중에 또 확인할 필요 없이 메모를 보면 됩니다.

습관 4: 질문하기

모르는 것은 솔직히 인정하고 질문하세요. "이게 무슨 뜻이야?", "어떻게 확인해?"라고 AI에게 물어보거나, 가족에게 물어보세요.

실수를 두려워하지 마세요

AI가 쓴 문장이 마음에 안 들면 바꾸세요. AI가 제시한 정보가 의심스러우면 확인하세요. AI는 제안할 뿐 결정은 여러분이 합니다. 여러분이 주인이고 AI는 조수입니다. 이것을 잊지 마세요. 처음부터 완벽한 디지털 리터러시를 갖출 필요는 없습니다. 조금씩 배워가면 됩니다.

오늘은 'AI 답변을 한 번 더 확인하기'를 실천하세요. 내일은 '중요한 날짜는 검색해 보기'를 실천하세요. 이렇게 하나씩 습관을 들이면 어느새 디지털에 능숙해집니다. AI 시대에 시니어가 뒤처진다는 것은 편견입니다. 여러분도 충분히 AI를 활용할 수 있습니다. 조금 천천히, 조금 신중하게 접근하면 됩니다. 나이는 숫자일 뿐 배움에는 늦은 나이가 없습니다.

AI코치 - 프롬프트 예시

프롬프트: 불확실한 기억 다루기

나는 1978년쯤 서울로 이사 간 것 같은데 정확하지 않아. 1977년일 수도, 1979년일 수도 있어. 이렇게 날짜가 불확실할 때 자서전에 어떻게 쓰면 좋을까?

예시 문장을 보여줘.

AI로 뚝딱
자서전 쓰기 도전

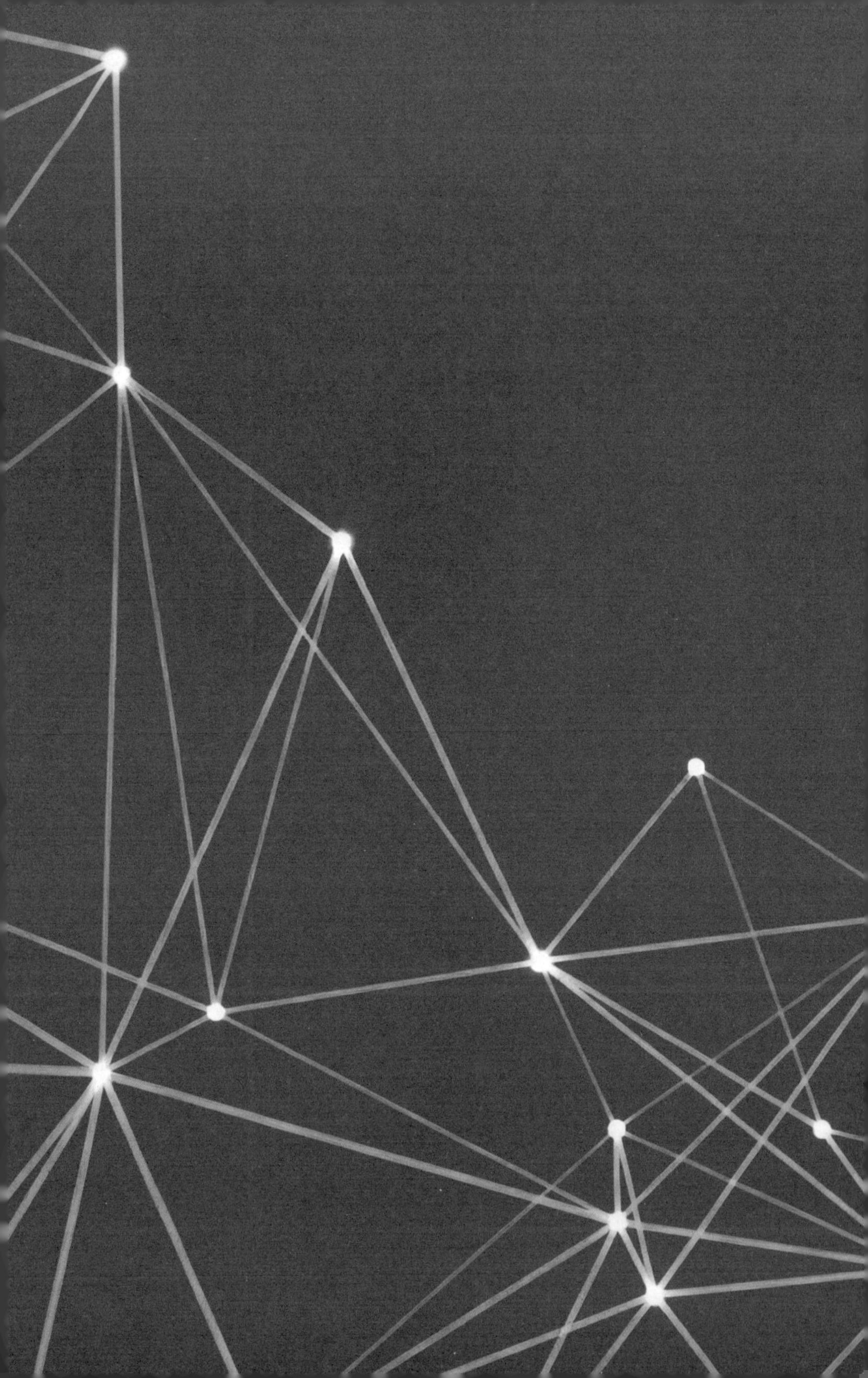

4장

·

Outline Planning

AI 기반 자서전 기획서와 목차 구성 실무

AI를 활용한 출간기획서 초안 작성: 목적, 독자, 콘셉트 명확화 1

'자서전을 쓰겠다'고 결심했습니다. 좋습니다. 하지만 막상 시작하려니 막막합니다. '어디서부터 시작하지?' 이럴 때 필요한 것이 출간기획서입니다. 책쓰기의 주제가 정해지면 가장 먼저 해야 할 일은 출간기획서를 스스로 먼저 작성하는 것입니다. 초고가 완료된 이후 출판사에 제출하기 위해 기획서를 작성하는 경우가 있지만 그동안 40여 권의 책을 낸 경험으로 비추어 보아 처음부터 출간기획서를 반드시 먼저 작성하라고 권합니다.

예를 들어보겠습니다. 대부분의 회사에서는 다양한 사업을 진행합니다. 사업을 계획할 때 그리고 사업을 추진하기 전에 전략기획 단계에서 꼭 필수적으로 거치는 단계가 바로 '사업계획서'를 작성하는 일입니다.

출간 작업도 비슷합니다. 당연히 자신의 책은 자신이 가장 잘 알고 있습니다. 자신의 책을 출판하기 위한 계획서, 즉 책에 대한 전체적인 소개 및 향후 방향에 대한 계획과 전략이 모두 담긴 것이 바로 출간기획서입니다. 따라서 책을 쓰기 위한 출간기획서는 원고를 다 쓰고 난 후 투고하기 위해 출판사에 보내는 출간기획서와 그 내용이 목적에 따라 다를 수 있습니다. 여기서 이야기하는 출간기획서는 자기가 쓰고 싶은 콘셉트와 청사진 그리기를 한 다음 책 전체의 구상을 보다 구체화하는 작업입니다. 물론 출판 이후 잘 팔리고 독자들에게 많이 읽히기 위한 세부 전략이 빠져서는 안 됩니다. 이른바 종합 마스터플랜과 같습니다.

반면에 책을 다 쓰고 나서 출판사에 투고하기 위해 제시하는 출간기획서는 출판사에게 "내가 책을 썼으니 한번 보시오. 좋은 책이니 꼭 출간해 주시오!"라고 말하는 것과도 비슷합니다. 우리가 회사에 입사하기 위해 이력서를 작성하는 것처럼 출판사에 출판을 제안하는 작업은 형식화된 양식이 존재합니다.

출판사 입장에서는 투고한 원고의 양이 많을 경우 일단 출간기획서를 읽어보고 흥미가 있을 경우에 전체 원고를 자세하게 읽는 것이 효율적이기 때문입니다. 출간기획서는 출판사에 도움을 줄 뿐만 아니라 책을 쓰는 저자에게도 큰 도움을 줍니다. 출간기획서를 작성해 봄으로써 방향을 올바로 정하고 효율적으로 책을 쓸 수 있기 때문입니다. 출간기획서는 일정한 양식이 있는 것은 아닙니다. 대체적으로 다음과 같은 내용을 담고 있어야 합니다.

1. 출판의 목적
2. 책 제목가제목
3. 핵심 콘셉트

4. 주요 대상 독자층
5. 경쟁 도서 및 관련 도서 분석
6. 초고 완성 및 출간 일정
7. 출판 후 활용 방안
8. 주요 목차와 소제목
9. 저자 소개

먼저 책을 구상하는 것에 있어 가장 중요한 것은 책을 구상한 목적입니다. 목적이 분명치 않으면 책을 쓰면서 계속 흔들릴 수밖에 없습니다. 책 제목은 나중에 출판사와 협의해서 정하게 됩니다. 앞서 언급했듯이 책의 내용을 가장 잘 아는 저자의 입장에서 가능한 제목을 여러 개 마음에 두는 것이 좋습니다. 책의 핵심 콘셉트는 쓰고자 하는 책의 핵심 내용을 요약하여 정리함으로써 쓰고자 하는 방향성을 정하는 데 중요한 역할을 합니다.

대상 독자층은 핵심 독자층, 표준 독자층, 확산 독자층으로 세분하여 작성하는 것이 바람직합니다. 책은 핵심 독자층을 염두에 두고 쓴다고 생각하고 표준 독자층과 확산 독자층까지도 확장성이 있도록 해야 합니다. 그렇다고 독자층을 지나치게 좁히면 출판사는 부담이 될 수 있고, 반대로 전 국민을 대상으로 한 책 역시 쉽게 호응을 얻기 어렵습니다.

경쟁 도서 및 유사도서 분석은 자신이 어떻게 책을 쓸 것인가 방향성을 정하고 많은 자료를 습득하는 과정이기도 합니다. 이것은 출판사를 설득하는 내용으로 써야 합니다. '경쟁 도서 및 유사도서와의 차별성'은 책의 특성과 방향성을 제시해 주는 것과도 연관이 됩니다.

최근의 사회적 이슈와의 연관성, 시대적 필요성 등을 제시하면 좋습니다.

출판 후 활용 방안은 저자로서 책 출간 후 어디에 활용할 것이냐에 따라 책의 내용이 얼마든지 달라질 수가 있기에 사전 기획을 할 필요가 있습니다. 나는 책이 나온 이후의 활용 계획에 대해 처음부터 방향을 정하고 책을 쓴 경험이 많은 편입니다. 주로 세미나 교재나 강의 시 교재로 쓸 목적으로 방향 설정을 하곤 했습니다. 일부 저자는 책 홍보는 당연히 출판사가 알아서 할 일이라고 생각합니다. 저자로서 책 판매에 공헌할 수 있는 방안도 고민해야 할 실정입니다.

나는 그동안 경험에서 초기에는 '출간기획서'의 중요성을 알지 못했습니다. 몇 권의 책을 낸 후 뒤늦게 안 사실이지만 책을 출판하고 또 다른 저서를 준비하는 과정에서도 출간기획서의 중요함을 느꼈습니다. 책쓰기 전에 출간기획서가 없다면 목적지 없이 운전하는 것과 같습니다.

요즘에는 책이 팔리지 않습니다. 팔리지 않는 책을 출판사가 내줄 리 만무합니다. 그래서 원고를 아무리 열심히 써서 투고를 하고 문을 두드려도 문전박대를 당하기 쉽습니다. 책이 잘 팔리지 않는 이유도 있겠지만 출판사들은 책의 내용보다는 책이 얼마나 팔릴 것인가에 관심이 있습니다. 그러다 보니 저자의 판매능력을 먼저 봅니다. 즉 그 저자의 출판 후 활동으로 강의 활동을 많이 하는지 아니면 지인이 많아 책을 팔아줄 수 있는지 여부를 봅니다.

출간기획서는 뒤에 실습하게 될 서문과 에필로그는 물론이고 소목차 50개를 정하거나 본문 초안을 뚝딱 1시간 만에 작성하는 실전에 반드시 필요한 사전 단계입니다.

출간기획서 작성 예시(김영희)

1. 제목(가제)	중년의 사치
2. 참여저자	김영희
3. 도서 분야	에세이 겸 자기계발서
4. 출판 일정	1) 2024. 2월 말 초고 완성 및 탈고 2) 2024. 4월 11일 1차 교정 완료 3) 2024. 5월 20일 출판
5. 책자 구성	총 7장으로 각 10개 소항목으로 구성 1장 내 삶에 반란을 일으켜라 2장 끝내는 부부 vs 끝내주는 부부 3장 SKY대학보다 평생대학에 입학하라 4장 남은 삶 어떻게 살아야 할까 5장 중년의 성(性) 6장 죽음의 미학(美學) 7장 수의에는 호주머니가 없다
6. 집필의도와 콘셉트	평범한 옆집 엄마였던 내 이야기를 통해 지금의 현실을 벗어나고자 하는 많은 이들에게 나누고 싶어서 썼다. 이제 100세 시대다. 기존의 삶의 방식에 구조조정이 필요하며 사고의 전환이 필요하다. 신중년들에게도 '아비투스(habitus)'가 있다. 아비투스란 인간 행위를 상징하는 무의식적 성향을 말한다. 평범한 사람도 부, 사랑, 건강, 도전, 습관, 성공, 행복 등을 바꿀 수 있다. 아비투스가 몸에 밸 때 품격 있는 '중년의 사치'로 이어진다. 아비투스 장착은 단시일에 되는 게 아니다. '지금 여기'에서부터 시작할 때다.
7. 예상 독자	1. 30~40대 아비투스를 준비하는 주니어들 2. 신중년(50~69세)의 사치를 부리고 싶은 시니어들 3. 삶의 방식을 변화시키고 싶은 가정 주부들

8. 경쟁도서와 관련도서 분석	중년층을 겨냥한 자기계발서는 무수하게 많은바 아비투스 개념을 넣어서 논리를 펴도록 하여 차별화를 꾀하고자 함. 특히 삶의 변화를 희망하는 주부들의 눈높이에 맞게 실제 경험과 사례 중심으로 전개
9. 출간 후 홍보와 판매	1) 책쓰기대학(10개대학), AI책쓰기코칭협회, 한국디지털문인협회 등 저자가 활동중인 단체의 행사 시 회원 배부 2) 페이스북, 블로그, 인스타그램, 카카오스토리 등 SNS를 활용한 홍보 3) 여러 언론 칼럼 및 객원기자 활동하고 있는 곳에 기사 제공 4) AI활용 책쓰기 관련 정례 세미나 및 특강 시 교재로 사용
10. 저자 소개	만년 주부였던 내 삶의 터닝포인트는 책 읽기와 쓰기였다. 시니어를 상대로 디지털책쓰기 강좌 등을 80여 차에 걸쳐 해오며 '1인 1책 갖기 새마음운동'도 펼치고 있다. 저질 체력이었던 몸 건강을 위해 트레킹 클럽, DMZ트레킹 등에서 '누죽걸산(누우면 죽고 걸으면 산다)'을 실천하고 있다. 나눔을 여생의 과제로 여기며 낯설지만 세상에 한 걸음씩 나아가고 있다. 현재 3060 시니어연구원 원장, 끝끝내엄마 육아연구소 대표, 수필가, 칼럼니스트, 객원기자, AI책쓰기코칭협회 교육본부장, 디지털책쓰기대학 사무총장, 디지털문인협회 디지털교육 위원장, 코미희망장학회 단장 등을 맡아 'AI를 활용한 책쓰기 강의'를 도맡아 진행하고 있다. 지은 책으로는 『끝내는 엄마 vs 끝내주는 엄마』, 『우리아이 부자습관』, 『스마트 시니어 폰맹 탈출하기』, 『아이만 빼고 다 바꿔라』, 『중년의 사치』 등 10여 권이 있다.
11. 기타	1) 책은 신국판 크기로 하되, 분량은 300페이지 내외 2) 출판은 디자인을 예쁘게 한 후 POD로 출간

AI코치 - 프롬프트 예시

프롬프트: 기획서 초안 작성

내 정보: 73세, 시장 상인 40년 경험담을 중심으로 자서전 쓰기, 가난 극복, 자녀 교육 이야기

목표: 6개월, 250페이지

이 정보로 자서전 출간기획서를 작성해 주세요. 목적, 책자 구성, 주요 독자, 의도와 콘셉트, 분량, 일정을 포함해서요.

키워드 기반 목차 요청: AI에게 자서전 주제를 주고 목차 50개 초안 받기 실전

2

기획서를 만들었습니다. 이제 구체적인 계획이 필요합니다. 무엇을 쓸 것인가? 어떤 순서로 쓸 것인가? 이것이 목차입니다. 목차는 건물의 설계도와 같습니다. 설계도 없이 집을 지으면 엉망이 됩니다. 목차 없이 글을 쓰면 산만해지고 중언부언하게 됩니다.

하지만 목차 만들기가 어렵습니다. '내 인생에서 뭐가 중요했지?', '뭘 써야 하지?' 막막합니다. 여기서 AI가 큰 도움이 됩니다.

AI에게 목차 초안을 요청하세요

AI는 순식간에 목차 초안을 만들어줍니다. 여러분 혼자 며칠 고민할 것을 AI는 1분 만에 만듭니다. 이렇게 요청하세요.

"나는 1951년생 여성입니다. 시골에서 태어나 서울로 상경했고 시장 상인으로 40년을 살았습니다. 세 자녀를 대학까지 교육시켰습니다. 가난을 극복한 이야기, 희망의 메시지를 담고 싶습니다. 이 내용으로 자서전 목차를 만들어주세요. 큰 장Chapter 10개와 각 장마다 소제목 5~7개씩 만들어주세요."

AI가 목차를 만들어줍니다. 예를 들면 다음과 같습니다.

"1장. 가난한 시골 마을의 소녀

1.1. 1951년, 경북의 작은 마을에서

1.2. 6남매의 막내로 자란 유년

1.3. 학교를 그만두던 날

1.4. 보릿고개의 기억

2장. 서울로 가는 길

2.1. 열아홉 살의 결심

2.2. 서울역에 내린 날

2.3. 첫 직장, 공장 생활

2.4. 낯선 도시에서 살아남기

3장. 사랑과 결혼

3.1. 스물셋에 만난 그 사람

3.2. 작은 결혼식

3.3. 신혼의 꿈과 현실

..."

이렇게 쭉 나옵니다. 놀랍지 않나요? 여러분이 몇 문장만 설명했는데 AI가 전체 구조를 잡아줍니다.

50개 목차를 받으라고요?

앞에 '50개'라고 써있습니다. 왜 50개나 받아야 할까요? 그중에서 좋은 것을 골라 쓰기 위해서입니다. AI에게 더 많이 만들어달라고 하세요.

"좋네요. 이제 각 소제목을 더 구체적으로 만들어주세요. 1장의 소제목을 10개 정도로 늘려주세요."

AI가 1장을 확장합니다.

"1장. 가난한 시골 마을의 소녀

1.1. 1951년, 전쟁이 끝나지 않은 시절

1.2. 초가집 세 칸의 우리 집

1.3. 아버지의 농사, 어머니의 삯바느질

1.4. 6남매의 시끌벅적한 식탁

1.5. 동네 개울에서의 놀이

1.6. 학교 가는 길, 3킬로미터

1.7. 공책 한 권이 아까운 시절

1.8. 학교를 그만두게 된 이유

1.9. 열세 살, 어른이 되어야 했던 날

1.10. 그래도 행복했던 시절"

이렇게 10개 장을 각각 10개 소제목으로 만들면 100개가 됩니다. 너무 많습니다. 그중 좋은 것 50개를 고르면 됩니다.

왜 이렇게 많이 만들까요?

선택지가 많으면 좋은 것을 고를 수 있습니다. 처음부터 10개만 만들면 '이것밖에 없나?' 싶습니다. 하지만 100개 중에서 50개를 고르면 '이것들이 진짜 중요한 것이구나' 확신을 갖게 됩니다. 또한 목차를 많이 만들다 보면 잊고 있던 기억이 떠오릅니다. '아, 맞다. 이것도 있었지', '이 이야기도 써야겠다' 하면서요.

목차가 곧 이정표입니다

목차를 완성하면 길이 보입니다. '아, 이제 1장을 쓰고, 2장을 쓰고… 10장까지 쓰면 완성이구나.' 명확합니다. 막막하던 자서전 쓰기가 구체적인 작업 리스트로 바뀝니다. '오늘은 1.3을 쓸 거야', '이번 주에 2장을 끝낼 거야'처럼 할 일이 분명해지면 실행하기 쉽습니다.

AI코치 – 프롬프트 예시

프롬프트: 기본 목차 생성

내 인생 키워드: 1951년생, 시골, 가난, 서울 상경, 시장 상인 40년, 자녀 교육, 희망

이 키워드로 자서전 목차를 만들어주세요. 10개 장Chapter과 각 장마다 소제목 7개씩.

출간기획서로 서문 목차 작성 실전 3

GPT를 활용해서 뚝딱 책 한 권의 목차와 본문 초안을 쓰려면 앞에서 이야기한 출간기획서를 활용하면 아주 용이하게 작성할 수 있습니다. 출간기획서가 명확하고 상세할수록 자기가 원하는 수준의 결과물을 얻을 수 있는데, 앞 4.1절에서 이야기한 이 출간기획서가 작성되면 GPT는 서문과 에필로그는 물론이고 대목차와 소목차 50개를 순식간에 작성해 줍니다.

전체 목차와 서브타이틀은 책이라는 집을 짓기 위한 논리적이고 체계적인 설계도이므로 특정 주제에 대해 5개의 장 제목과 각 장에 10개의 서브타이틀을 생성하기 위해서는 먼저 출간기획서를 입력시킨 다음 프롬프트를 작성하여 명령해 주면 됩니다. 이 경우 ChatGPT, Gemini, Claude 어떤 생성형 AI를 활용하든 각각 다른 내용으로 정리되는바 여러 개를 출력하여 비교하고 선택해서 보완할 수도 있습니다. 프롬프트 품질이 곧 원고 품질이므로 구체적일수록 좋은 결과를 얻게 됩니다.

프롬프트 작성을 위한 '책 출간기획서' 예시

1. 주제와 콘셉트: "퇴직 후 30년, 어떻게 살아갈 것인가?", 인생 2막을 능동적으로 준비하는 방법을 제안하는 실용적 자기계발서.
2. 목표 독자: 40~60대 직장인, 은퇴를 앞두고 제2의 인생을 고민하는 사람들.
3. 책의 목적: 독자들이 퇴직 후 삶을 주체적으로 계획하고 자기실현의 기회를 찾도록 돕는 것이 목적.
4. 경쟁 도서 분석: 『인생 2막』, 『은퇴 후 10년』과 달리 본서는 실제 인터뷰와 구체적인 실행 계획 중심으로 구성돼 실천 가능성을 높임.
5. 목차와 구성안: 1장. 퇴직 후에도 늦지 않다 2장. 인생 2막의 정체성 찾기 3장. 일과 의미 있는 활동 4장. 건강한 루틴 만들기 5장. 관계와 공동체 회복
6. 저자 소개: 전직 기업 인사팀장, 현재 인생 2막 관련 강연과 컨설팅 활동. 퇴직 후 삶의 질에 대한 실질적 조언을 제공하고자 집필.
7. 집필 의도와 배경: 퇴직 후 무기력감을 겪던 지인의 사례를 통해 '준비된 퇴직'의 필요성을 절감하여 집필을 결심하게 됨.
8. 마케팅과 홍보 전략: 50+ 커뮤니티, 퇴직 예정자 대상 강연, SNS 콘텐츠짧은 조언 영상 연계 마케팅 예정.
9. 출간 후 확장: 책 내용을 기반으로 한 워크북 제작, 은퇴설계 강

의 연계 가능.

10. 예상 독자 반응: 독자들은 자신의 퇴직 후 삶에 대해 새롭게 인식하고, 주도적인 준비의 필요성을 느끼게 될 것임.

상기 출간기획서는 내용이 상세하면 상세할수록 목차나 본문의 내용이 원하는 수준으로 나올 수 있습니다. 경우에 따라서는 놀라운 속도로 한두 시간 내에 본문까지 완성할 수 있습니다. 다만 이렇게 나온 목차나 본문 내용은 목표 수준에 한참 미달하는 수준일 가능성이 높습니다. 문제는 이제부터입니다. 나온 결과물을 보고 본인이 원하는 수준에 도달할 때까지 본격적인 작업을 시작해야만 합니다.

생성형 AI는 종류에 따라 1회 최대 작업분량이 다릅니다. 얼마 전까지만 하더라도 1회 작업분량의 한계가 있어서 불편했으나 각 사의 기술발전과 회사 간의 경쟁으로 1회 최대 작업분량이 점점 늘어나고 있습니다.

예를 들어 Claude 4.5에서는 최대 약 8,000~10,000단어까지 한 번에 생성할 수 있지만 실용적인 관점에서 보면 길어지면 품질저하를 가져옵니다. 1) 최적 품질 범위는 2,000~4,000단어로, 이 범위에서 가장 일관되고 높은 품질의 결과물을 얻을 수 있고 논리적 구조와 세부사항이 잘 유지됩니다. 2) 양호한 품질 범위는 4,000~6,000단어로 여전히 좋은 품질이지만 후반부에서 약간의 일관성이 저하될 수 있습니다. 3) 기술적 최대 범위는 6,000~10,000단어로 생성은 가능하지만 품질 편차가 클 수 있고 후반부로 갈수록 반복이나 품질 저하 위험이 있습니다. 따라서 작업물이 필요하면 챕터나 섹션별로 나누어 작업하는 것이 더 효과적입니다.

AI코치 – 프롬프트 예시

이 첨부의 출판기획서를 바탕으로 "퇴직 후 30년, 어떻게 살아갈 것인가?" 인생 2막을 능동적으로 준비하는 방법을 제안하는 실용적 자기계발서로 쓰고자 해. 1. 서문을 독자들이 자신의 퇴직 후 삶에 대해 새롭게 인식하고, 주도적인 준비의 필요성을 느끼게끔 하는 내용으로 700단어로 써주고 2. 이 책 내용으로 목차를 써주되 5개 장으로 하고 각 장마다 소제목을 10개씩 총 50개를 써줘.

AI에게 독자 입장에서 흥미로운 목차 수정 요청 4

목차를 만들었습니다. 하지만 이것이 정말 흥미로울까요? 독자가 읽고 싶어 할까요?

우리는 우리 인생을 너무 잘 알기 때문에 객관적으로 보기 어렵습니다. '이 이야기가 재미있나?', '지루하지 않나?' 판단하기 힘듭니다. 여기서 AI의 또 다른 역할이 있습니다. 독자의 눈으로 목차를 평가해 달라고 하는 것입니다.

AI를 독자로 만드세요

AI에게 이렇게 요청하세요

"네가 이제 15세 손주라고 가정해 줘. 할머니의 자서전 목차를 봤을 때 어떤 장이 가장 읽고 싶어? 어떤 제목이 지루해 보여? 솔직하게 말해줘."

AI가 독자 입장에서 평가합니다

15세 손주 입장에서 보면:

가장 읽고 싶은 장: "2장. 서울로 가는 길", 모험 같아서 흥미로워요, "5장. 시장에서의 첫날", 구체적이고 생생할 것 같아요.

지루해 보이는 제목: "6장. 일상의 연속", 너무 평범해 보여요, "8장. 중년의 삶", 추상적이고 재미없어 보여요.

개선 제안: "일상의 연속" → "새벽 4시의 시장, 40년의 기록", "중년의 삶" → "마흔 살, 인생의 전환점"

이렇게 구체적으로 피드백을 줍니다. 매우 유용합니다.

여러 독자 관점에서 평가받으세요

한 가지 관점만으로는 부족합니다. 여러 독자 관점에서 평가받으세요.

"이번에는 네가 70대 동년배 친구라고 가정해 줘. 같은 목차를 평가해 줘."

70대 관점의 평가는 15세와 다를 것입니다.

70대 친구 입장에서 보면:

공감되는 장: "4장. 보릿고개의 기억" - 우리 세대 공통 경험이에요, "9장. 자식 교육의 고난", 정말 공감돼요.

아쉬운 점: 젊은 세대를 의식한 듯한 제목들이 좀 어색해요, "1장. 시작" 같은 제목은 너무 평범해요.

이렇게 다양한 관점의 피드백을 모으면 목차가 더 균형 잡히게 됩니다.

제목에 숫자를 넣으세요

독자는 구체적인 숫자에 반응합니다.

AI에게 이렇게 요청하세요.
"목차 제목에 숫자를 활용해서 더 구체적으로 만들어줘."

AI가 이렇게 숫자를 넣어 바꾸어 줍니다.
수정 전: "시장 생활"
수정 후: "시장 인생 40년, 새벽 4시의 사람들"
수정 전: "자녀 교육"
수정 후: "세 아이를 대학까지, 20년의 기록"
숫자가 들어가면 훨씬 구체적이고 신뢰감이 생깁니다.

질문형 제목도 좋습니다

가끔은 질문 형식의 제목이 호기심을 자극합니다.
"일부 제목을 질문 형식으로 바꿔줘."
수정 전: "서울 상경"
수정 후: "열아홉, 왜 서울행 기차를 탔을까?"
수정 전: "사업 실패"

수정 후: "마흔다섯에 망한 가게, 어떻게 일어섰을까?"

질문은 독자를 끌어들입니다. '궁금한데?' 하면서 계속 읽게 만듭니다.

감정 단어를 추가하세요

제목에 감정이 있으면 공감을 불러일으킵니다.

"제목에 감정을 더해서 다시 써줘."

수정 전: "첫 직장"

수정 후: "첫 직장, 두려움과 설렘 사이"

수정 전: "어머니의 임종"

수정 후: "어머니를 보내던 날, 가슴 찢어지는 이별"

감정 단어두려움, 설렘, 가슴 찢어지는가 독자의 마음을 움직입니다.

목차 자체가 이야기가 되게 하세요

목차만 쭉 읽어도 대략적인 이야기가 보여야 합니다. 마치 영화 예고편처럼요.

"1장. 1951년, 전쟁의 그림자 아래서

2장. 가난했지만 행복했던 시절

3장. 열아홉, 서울행 기차표 한 장

4장. 낯선 도시에서 살아남기

5장. 스물셋에 만난 운명

6장. 세 아이의 엄마가 되다
7장. 시장 좌판, 40년의 시작
8장. 넘어져도 다시 일어서며
9장. 자식들이 날아오르던 날
10장. 일흔, 감사하는 마음으로"

이 목차만 봐도 어떤 이야기인지 짐작할 수 있습니다. 가난한 시골 소녀가 서울로 와서 고생하며 자녀를 키우고 결국 성공하는 이야기. 독자는 '이 여정을 따라가고 싶다'고 느낍니다.

목차는 단순한 리스트가 아닙니다. 독자를 초대하는 손짓입니다. "이 이야기를 들어보지 않을래?" 하고요. 목차가 매력적이면 독자는 기꺼이 여러분의 인생 여행에 동참할 것입니다.

AI코치 – 프롬프트 예시

프롬프트: 제목 스타일 변환

[내 목차 붙여넣기]

이 제목들을 더 매력적으로 만들어줘: 구체적인 숫자 포함, 감정 단어 추가, 일부는 질문형으로

AI에게 기승전결 구조 분석과 분량 배분 계획 요청

5

목차를 만들었습니다. 하지만 이것이 좋은 이야기 구조일까요? 자서전도 소설처럼 흐름이 있어야 합니다. 시작, 전개, 절정이 있고, 마무리가 있어야 합니다. 이것을 서사 구조라고 합니다.

기승전결이란?

동양의 전통적인 이야기 구조입니다.

기起: 시작. 상황 설정, 인물 소개.

승承: 전개. 이야기가 펼쳐짐, 사건 발생.

전轉: 전환. 극적인 변화, 위기나 절정.

결結: 마무리. 해결, 교훈, 여운.

자서전에도 이 구조를 적용할 수 있습니다.

기: 여러분이 누구인지, 어디서 태어났는지, 어떤 환경이었는지.

승: 청년기, 도전, 일과 가정을 꾸림.

전: 인생의 위기나 전환점. 가장 힘들었던 시기 또는 가장 중요한 결정.

결: 현재의 삶, 느낀 점, 후세에게 전하는 메시지.

분량 배분도 중요합니다

각 장의 길이가 비슷해야 균형이 잡힙니다. 어떤 장은 5페이지, 어떤 장은 30페이지면 어색합니다.

AI에게 분량 계획을 세워달라고 하세요.

"전체 목표가 200페이지야.

10개 장에 어떻게 분량을 배분하면 좋을까? 각 장의 중요도를 고려해서 제안해 줘."

AI가 제안합니다

"200페이지 분량 배분:

1장유년기 - 15페이지

독자가 적응하는 시간, 간결하게

2장상경 - 20페이지

중요한 전환점, 비중 있게

3~4장결혼, 자녀 - 각 15페이지

꾸준한 흐름 유지

5~6장시장 생활 - 각 25페이지

핵심 내용, 충분히 서술

7장위기와 극복 - 30페이지

클라이맥스, 가장 자세하게

8장자녀 독립 - 20페이지

감동적 마무리

9장현재 - 15페이지

잔잔한 여운

10장에필로그 - 10페이지

간결한 메시지

총: 200페이지"

AI코치 – 프롬프트 예시

프롬프트: 기승전결 분석

[내 목차 붙여넣기]

이 목차를 기승전결 구조로 분석해 줘. 각 장이 어디에 해당하는지, 구조적 문제점과 개선 방안을 제시해 줘.

AI를 활용한 챕터별 소제목 아이디어 도출과 수정 6

큰 틀의 목차는 완성했습니다. 이제 각 장을 더 세밀하게 나눌 차례입니다. 소제목을 만드는 것입니다. 소제목은 각 장의 작은 단락입니다. 1장이 한 편의 다큐멘터리라면 소제목은 그 안의 각 장면입니다. 소제목이 잘 나뉘어 있으면 글쓰기가 훨씬 쉬워집니다.

왜 소제목이 필요한가요?

큰 장만 있으면 막막합니다. '1장. 유년기를 써야 하는데 20페이지를 어떻게 채우지?' 막막합니다. 하지만 소제목으로 나뉘어 있으면 쉽습니다. "1.1. 내가 태어난 마을2페이지, 1.2. 우리 가족3페이지, 1.3. 학교 가는 길2페이지…" 각 소제목마다 2~3페이지씩 쓰면 됩니다. 훨씬 구체적이고 실행 가능합니다.

또한 소제목은 독자에게도 좋습니다. 긴 글을 읽다가 소제목이 나오면 쉬어 갈 수 있습니다. 눈도 편하고 내용도 정리됩니다.

AI에게 소제목을 만들어달라고 하세요

한 장씩 소제목을 만들어가세요.

1장부터 시작합니다

"1장 제목: 1951년, 시골 마을에서

내용: 내가 태어난 곳, 가족, 유년 시절, 가난했지만 행복했던 기억

이 장의 소제목 5~7개를 만들어줘. 각 소제목은 2~3페이지 분량으로 쓸 수 있을 만큼 구체적이어야 해."

AI가 만들어줍니다

"1장. 1951년, 시골 마을에서

1.1. 초가집 세 칸, 우리가 살던 집

1.2. 아버지의 농사, 어머니의 삯바느질

1.3. 여섯 남매의 시끌벅적한 식탁

1.4. 동네 개울과 뒷산, 나의 놀이터

1.5. 학교 가는 길, 맨발로 3킬로미터

1.6. 보릿고개, 풀죽으로 버티던 봄

1.7. 그래도 행복했던 이유"

각 소제목이 구체적입니다. 이제 1.1을 쓰면 됩니다. "초가집 세

칸"에 대해 2페이지 쓰면 됩니다. 생각보다 쉽습니다.

소제목의 스타일을 통일하세요

소제목은 일관된 스타일이어야 보기 좋습니다.

스타일 1: 명사형

- 1.1. 우리 집
- 1.2. 가족들
- 1.3. 학교

스타일 2: 문장형

- 1.1. 초가집 세 칸이 우리 집이었다
- 1.2. 여섯 남매는 늘 시끌벅적했다
- 1.3. 학교까지 3킬로미터를 걸었다

스타일 3: 이미지형

- 1.1. 초가집 세 칸, 겨울이면 추운 집
- 1.2. 여섯 남매의 시끌벅적한 식탁
- 1.3. 맨발로 걷던 흙길

어느 스타일이 좋을까요? 여러분이 편한 것으로 하세요. AI에게 스타일을 바꿔달라고 할 수도 있습니다.

"이 소제목들을 문장형으로 바꿔줘."

소제목에도 이야기가 있어야 합니다

소제목을 쭉 읽었을 때 이야기 흐름이 보여야 합니다.

"1.1. 초가집 세 칸, 우리가 살던 집

1.2. 가난했지만 따뜻했던 가족

1.3. 학교 가는 길, 맨발로 3킬로미터

1.4. 꿈을 키운 교실

1.5. 학교를 그만두게 된 이유

1.6. 열세 살, 어른이 되어야 했던 날"

이 소제목만 봐도 대략적인 이야기가 보입니다. 가난한 집에서 태어나 학교에 다녔지만 결국 그만두게 되었다는 흐름이요.

목차 완성은 시작입니다. 목차를 만드는 데 시간을 많이 쓴 것 같아 보입니다. 이것은 시간 낭비가 아닙니다. 오히려 시간 절약입니다. 좋은 목차가 있으면 글쓰기가 훨씬 빠릅니다. 길을 잃지 않습니다. 매일 무엇을 쓸지 명확합니다.

이제 진짜 글쓰기를 시작할 준비가 되었습니다. 목차는 지도이고 나침반이자 든든한 동반자입니다. 이제 이 지도를 들고 여행을 떠날 시간입니다.

AI코치 – 프롬프트 예시

프롬프트 1: 장별 소제목 생성

1장 제목: “1951년, 시골 마을에서”

주요 내용: 태어난 곳, 가족 구성, 가난했던 생활, 학교, 그만두게 된 사연, 유년의 행복한 기억 이 내용으로 5~7개의 소제목을 만들어줘. 각 소제목은 2~3페이지 분량으로 쓸 수 있을 만큼 구체적이어야 해.

프롬프트 2: 소제목 스타일 변환

[소제목 목록 붙여넣기]

이 소제목들을 세 가지 스타일로 다시 써줘.

1. 명사형예: 우리 집
2. 문장형예: 초가집 세 칸이 우리 집이었다
3. 이미지형예: 초가집 세 칸, 겨울이면 추운 집

각 스타일의 느낌 차이도 설명해 줘.

AI로 뚝딱
자서전 쓰기 도전

5장

·

Drafting From Data

AI에게 자료 학습시켜 본문 초안을 빠르게 생성하는 법

AI에 학습시킬 자료 준비: 일기, 기고문, 강의록 등 자료 취합과 정리 1

드디어 본격적으로 글을 쓸 시간입니다. 하지만 백지 상태에서 시작하지 마세요. 여러분에게는 이미 귀중한 자료들이 있습니다. 30년 전 쓴 일기장, 친구에게 보낸 편지, 회사에서 작성한 보고서, 심지어 자녀에게 남긴 짧은 메모까지. 이 모든 것이 자서전의 재료입니다.

나는 오랜 시간 시니어분들과 자서전 작업을 해오면서 한 가지 패턴을 발견했습니다. 가장 생생하고 감동적인 자서전은 오래된 자료에서 나온다는 것입니다. 20년 전 일기장 한 줄이 지금 쓴 열 페이지보다 진실하고 생생합니다. 왜 그럴까요? 그때 그 순간의 날것 그대로의 감정이 담겨 있기 때문입니다.

자료를 찾기 시작하면 신기한 일이 일어납니다. 잊고 있던 기억들이 물밀듯 밀려옵니다. 30년 전 사진 한 장을 보는 순간, "아, 그때 그랬지!" 하며 무릎을 치게 됩니다. 일기장 한 줄을 읽다가 갑자기 그날의 냄새, 소리, 감정이 생생하게 되살아납니다. 이것이 바로 자료의 힘입니다.

하지만 많은 분들이 이렇게 말씀하십니다.

"자료는 있는데 너무 오래돼서 알아보기 힘들어요."

"일기장은 있는데 손글씨라 읽기가 어려워요."

"편지는 많은데 어디서부터 시작해야 할지 모르겠어요."

이런 고민, 충분히 이해합니다. 그래서 체계적인 정리가 필요합니다.

먼저 집 안 곳곳에 흩어진 자료를 한곳에 모으세요. 거실, 안방, 다락방, 창고를 뒤져보세요. 예상치 못한 곳에서 보물을 발견할 수 있습니다. 어느 할아버지는 낡은 가방 안쪽 주머니에서 50년 전 연애편지를 발견하셨습니다. 완전히 잊고 계셨던 것인데, 그 편지 덕분에 가장 아름다운 챕터가 탄생했습니다.

자료를 모았다면 이제 종류별로 분류하세요. 일기는 일기끼리, 편지는 편지끼리, 사진은 사진끼리. 그리고 연도별로 나누세요. 1970년대, 1980년대, 1990년대 이런 식으로요. 처음에는 귀찮아 보이지만 이 정리가 나중에 엄청난 시간을 절약해 줍니다.

일기장이 있다면 정말 축복입니다. 일기는 그날그날의 날것 그대로의 기록이니까요. 하지만 30년, 40년 전 일기를 다시 읽는 것은 묘한 경험입니다. 젊었을 때 쓴 글을 보면 '내가 이랬었나?' 싶기도 하고 어떤 부분은 세상에 내놓기가 부끄럽기도 합니다. 괜찮습니다. 그것이 진짜 여러분이었습니다. 그 솔직함이야말로 독자의 마음을 움직입니다.

편지도 훌륭한 자료입니다. 특히 멀리 떨어진 가족에게 쓴 편지는 당시의 심경을 생생하게 담고 있습니다. 1980년대 중동 건설 현장에서 일하시던 한 아버지는 매달 고향의 아내에게 편지를 보내셨습니다. "여보, 오늘 50도가 넘는 더위 속에서 일했소. 힘들지만 우리 아이들 생각하면 견딜 만하오." 그 편지들이 자서전의 가장 감동적인 부분이 되었습니다.

업무 관련 문서도 버리지 마세요. 회사에서 쓴 보고서, 프로젝트 자료, 심지어 명함까지도 이야기의 실마리가 됩니다. 디지털 자료도 있을 것입니다. 이메일, 문자메시지, 블로그 글, SNS 게시물. 최근 10~15년 사이의 기록은 대부분 디지털로 남아 있습니다. 오래된 이메일 계정을 열어보세요. 자녀와 주고받은 이메일, 친구들과의 대화, 업무 메일까지. 이것들도 모두 여러분의 이야기입니다.

사진도 빼놓을 수 없습니다. 사진 한 장이 천 마디 말보다 많은 것을 일깨워 줍니다. 흑백사진 속 젊은 시절 여러분의 모습을 보세요. 그때의 표정, 옷차림, 배경. 모든 것이 이야기를 품고 있습니다. 사진 뒷면에 날짜나 메모가 적혀 있다면 금상첨화입니다.

자료를 정리하면서 깨닫게 됩니다. '나는 평범하게 살았다'고 생각했는데 이렇게 많은 흔적을 남겼구나. 이 모든 순간순간이 모여 한 사람의 인생이 되었구나. 자료 정리는 단순한 작업이 아닙니다. 자신의 삶을 재발견하는 과정입니다.

자료가 많지 않아도 괜찮습니다. 일기장 한 권, 사진 열 장, 편지 몇 통이라도 충분합니다. 중요한 것은 양이 아니라 거기 담긴 진심입니다. 오히려 자료가 적으면 하나하나를 더 소중히 다룰 수 있습니다.

자료 정리가 끝나면 목록을 만드세요. "일기장 5권, 편지 30통, 사진 100장, 업무 문서 20개…" 이렇게 적다 보면 뿌듯해집니다. '내게 이렇게 많은 재료가 있었구나.' 이제 이 재료들을 가지고 AI와 함께 본격적으로 요리를 시작할 차례입니다.

다음은 이 귀중한 자료들을 AI에게 안전하고 효율적으로 학습시키는 방법을 배웁니다. 여러분의 40년 일기장이 AI의 기억 속으로 들어가고, 그것을 바탕으로 챕터가 만들어지는 놀라운 과정이 시작됩니다.

AI코치 - 프롬프트 예시

프롬프트: 자료 정리 계획 세우기

나는 다음과 같은 자료들을 가지고 있어: 일기장 8권1975~1995년, 편지 약 50통, 사진 200여 장, 회사 문서 일부

이 자료들을 체계적으로 정리하고 싶어. 어떤 순서로, 어떻게 정리하면 좋을까?

AI에 학습시키기 위한 준비 과정을 단계별로 알려줘.

GPT 활용 자료 업로드하여 효율적으로 학습시키는 방법 2

자료를 모으고 정리했습니다. 이제 이것을 AI에게 전달할 차례입니다. 여기서 많은 분들이 막힙니다. '어떻게 업로드하지?', '한 번에 다 올려도 되나?', '일기장을 스캔해야 하나?' 걱정하지 마세요. 하나씩 차근차근 알려드리겠습니다.

먼저 이해해야 할 것이 있습니다. AI에게 자료를 학습시킨다는 것은 마치 새로운 친구에게 여러분의 인생 이야기를 들려주는 것과 같습니다. 친구에게 40년 치 일기를 한꺼번에 던져주지 않듯이 AI에게도 소화할 수 있는 방식으로 전달해야 합니다. AI에게 자료를 전달하는 방법은 크게 세 가지입니다. 파일 업로드, 텍스트 붙여넣기, 그리고 대화로 전달하기. 각각의 장단점이 있습니다.

파일 업로드가 가장 편합니다. 워드 문서, PDF, 이미지 파일을 직접 AI에게 올리는 것이죠. ChatGPT나 Claude 같은 AI는 파일 업로드 기능을 지원합니다. 대화창 옆에 클립 모양 혹은 +아이콘이 보일 것입니다. 그것을 클릭하고 파일을 선택하면 됩니다. 주의할 점이 있습니다. 한 번에 너무 많은 파일을 올리면 AI가 혼란스러워합니다. 무료 버전은 파일 개수와 크기에 제한도 있습니다.

제 경험상 가장 효율적인 방법은 이렇습니다. 먼저 챕터별로 관련 자료를 그룹으로 만드세요. 예를 들어 "1970년대 서울 공장 생활" 챕터를 쓴다면 그 시기의 일기, 편지, 사진을 한 그룹으로 모으는 것입니다. 그리고 AI에게 "지금부터 1970년대 이야기를 쓸 거야. 이 시기 자료를 보여줄게"라고 말하고 파일을 올립니다.

손글씨 일기장은 어떻게 할까요? 두 가지 방법이 있습니다. 하나는 직접 타이핑하는 것입니다. 시간이 걸리지만 타이핑하면서 그때의 기억이 더 생생하게 떠오르는 효과가 있습니다. 타이핑이 부담스럽다면 사진을 찍으세요. 스마트폰으로 일기장 페이지를 찍어서 AI에게 올리면 됩니다. 요즘 AI는 이미지 속 글자를 읽을 수 있습니다. 손글씨도 대부분 인식합니다. 물론 100% 정확하지는 않습니다. 특히 오래돼서 흐릿한 글씨는 잘못 읽을 수 있습니다. 그래서 AI가 읽은 내용을 확인하고 수정해야 합니다.

편지는 특별히 조심해야 합니다. 사적인 내용이 많으니까요. AI에게 올리기 전에 정말 공개해도 되는 내용인지 확인하세요. 너무 사적이거나 민감한 부분은 가리고 스캔하세요. 또는 그 부분만 제외하고 타이핑하세요. AI는 도구일 뿐이지만 여러분의 프라이버시는 여전히 중요합니다.

사진은 어떻게 활용할까요? 사진 자체를 AI에게 보여주는 것도 좋지만 더 효과적인 방법이 있습니다. 사진을 보며 그때를 회상해서 글로 쓰는 것입니다.

"이 사진은 1975년 결혼식이다. 명동성당 계단에서 찍었다. 날씨가 추웠다. 하객은 50명 정도였다. 신부 옷은 친구에게 빌렸다."

이렇게 사진을 보며 떠오르는 것을 메모하세요. 그 메모를 AI에게 주면 AI가 이것을 바탕으로 문장을 만들어줍니다.

자료를 올릴 때 순서도 중요합니다. 시간 순서대로 올리는 것이 AI가 이해하기 쉽습니다. 1970년대 자료를 먼저, 그다음 1980년대, 이런 식으로요. 뒤죽박죽 올리면 AI가 혼란스러워합니다. '이 이야기가 먼저인가, 저 이야기가 먼저인가?' 헷갈려 합니다.

자료를 올렸다고 끝이 아닙니다. AI가 제대로 이해했는지 확인해야 합니다. "내가 방금 올린 1975년 일기를 읽었어? 어떤 내용이었어?"라고 물어보세요. AI가 요약해서 말해 줍니다. 그 요약이 맞는지 확인하세요. 잘못 이해한 부분이 있다면 바로 정정하세요.

대용량 자료는 나눠서 올리세요. 예를 들어 200페이지 분량의 일기장이 있다면 한 번에 20~30페이지씩 올리는 것이 좋습니다. 그리고 AI에게 "이건 일기의 첫 부분이야. 나중에 더 올릴게"라고 말하세요. 그러면 AI가 "알겠어요. 나머지도 기다릴게요"라고 답합니다.

클라우드를 활용하는 방법도 있습니다. 구글 드라이브에 자료를 정리해 두고 AI에게 그 파일의 링크를 주는 것입니다. 특히 Claude는 구글 드라이브와 연동이 잘됩니다. "내 구글 드라이브에 '1970년대 일기'라는 폴더가 있어. 거기 있는 파일들을 읽어줘"라고 하면 AI가 접근해서 읽습니다.

가장 중요한 것은 자료를 AI에게 주기만 하면 AI가 알아서 완벽한 글을 쓰리라 기대하지 않는 것입니다. AI는 재료를 가지고 요리를 도와주는 조수입니다. 최종 요리사는 여러분입니다. AI가 만든 초고를 보고 여러분의 기억과 감정을 더하고 수정해 다듬어야 합니다.

자료 업로드는 기술이 아니라 대화입니다. AI와 여러분의 인생에 대해 대화하는 것입니다. 그 대화를 통해 40년 전 일기장이 오늘의 자서전 한 챕터로 다시 태어납니다.

AI코치 - 프롬프트 예시

프롬프트: 업로드 후 확인

[파일 업로드 후]

방금 올린 일기를 읽었어? 주요 내용을 3~5문장으로 요약해 줘.

그리고 이 시기에 내게 어떤 일이 있었는지 네가 이해한 대로 말해봐.

잘못 이해한 부분이 있으면 내가 정정해 줄게.

학습된 자료를 활용하여 목차별 본문 초안 생성 3

자료를 AI에게 학습시켰습니다. 이제 본격적으로 글을 쓸 차례입니다. 백지 앞에 앉으면 여전히 막막합니다. '첫 문장을 어떻게 시작하지?' 걱정하지 마세요. AI가 여러분이 준 자료를 바탕으로 초고를 만들어줄 것입니다.

여기서 중요한 개념이 있습니다. 'AI 지식 저장소'입니다. 여러분이 AI에게 준 모든 자료일기, 편지, 사진에 대한 설명가 AI의 기억 속에 저장되어 있습니다. 마치 여러분의 인생을 함께 산 오랜 친구처럼 AI는 이제 여러분의 1970년대를 압니다. 그 시기에 어디서 일했는지, 누구를 만났는지, 무엇을 느꼈는지 알고 있습니다.

이 지식 저장소를 활용하는 것이 핵심입니다. 단순히 "1장을 써줘"라고 하면 AI는 상상으로 글을 씁니다. 그러면 여러분의 진짜 이야기가 아닙니다. 대신 "내가 준 1970년대 일기를 바탕으로 1장을 써줘"라고 하면, AI는 실제 자료를 참고해서 씁니다. 그러면 훨씬 생생하고 진실한 글이 나옵니다.

초안을 요청할 때는 구체적으로 말하세요. “1장을 써줘”보다는 “1장 ‘시장에 첫 좌판을 벌인 날’을 써줘. 내가 준 1985년 일기와 아까 내가 말한 내용을 바탕으로. 2~3페이지 분량으로”라고 하는 것이 좋습니다. 구체적일수록 AI가 여러분이 원하는 글을 만들어줍니다.

초안이 나오면 천천히 읽어보세요. 맞는 부분도 있고 틀린 부분도 있을 것입니다. AI가 여러분의 기억을 모두 정확히 알 수는 없으니까요. 괜찮습니다. 틀린 부분을 수정하면 됩니다. “이 부분은 달라. 김치를 산 건 할머니가 아니라 아주머니였어. 그리고 1,000원이 아니라 500원이었어”라고 말하면 AI가 바로 고칩니다.

AI가 만든 초안은 완성본이 아닙니다. 초벌구이입니다. 그것을 다듬고, 간을 맞추며 감정을 더하는 것은 여러분의 몫입니다. AI는 “김치 한 봉지를 팔았다”라고 쓰지만, 여러분은 “그 1,000원을 손에 쥐었을 때 내 손은 여전히 떨리고 있었다”라는 감정을 더할 수 있습니다.

한 챕터씩 차근차근 진행하세요. 1장 초안을 받고 수정하고 만족스러우면 2장으로 넘어가세요. 한꺼번에 모든 챕터의 초안을 받으려고 하지 마세요. 그러면 압도당합니다. 하루에 한 챕터씩 또는 일주일에 한 챕터씩 여러분의 속도대로 진행하세요.

초안을 받으면서 새로운 기억이 떠오를 수 있습니다. ‘아, 그날 이런 일도 있었지!’ AI가 쓴 글을 읽다가 갑자기 생각나는 것이 있다면 즉시 AI에게 말하세요. “잠깐, 여기에 이 이야기를 추가해 줘”라고요. AI는 바로 추가해 줍니다.

초안 작업을 하면서 여러분은 점점 AI와 호흡이 맞아갑니다. 처음에는 AI가 쓴 글이 어색했는데 몇 챕터 지나면 ‘이제 AI가 내 스타일을 알았구나' 싶어집니다. AI가 여러분의 톤을 배우고 여러분이 좋아하는 표현을 익히기 때문입니다.

가끔 AI가 만든 초안이 마음에 안 들 때가 있습니다. '이건 아닌데…' 싶을 때요. 괜찮습니다. "이 초안은 마음에 안 들어. 다시 써줘. 이번엔 더 감정을 살려서"라고 하세요. AI는 여러 번 다시 쓸 수 있습니다. 부담 갖지 마세요.

초안 작업의 가장 큰 장점은 속도입니다. 혼자 쓰면 한 챕터에 일주일 걸릴 것을 AI와 함께하면 하루나 이틀이면 초안을 만들 수 있습니다. 물론 그 후 수정 작업이 필요하지만 그래도 엄청난 시간 절약입니다. 초안은 완벽하지 않아도 됩니다. 아니, 완벽하면 안 됩니다. 초안은 다듬어질 것을 전제로 만들어지는 것이니까요. 80%만 만족스러우면 됩니다. 나머지 20%는 수정 단계에서 채우면 됩니다.

초안 작업을 하면서 깨닫게 됩니다. '나는 글을 못 쓴다고 생각했는데 AI의 도움을 받으니 쓸 수 있구나. 중요한 것은 글쓰기 실력이 아니라 이야기를 가지고 있느냐였구나.' 그리고 여러분에게는 40년, 50년, 70년의 이야기가 있습니다.

다음 절에서는 글로 쓰기 어려운 분들을 위해 음성으로 말한 것을 AI가 글로 바꿔주는 방법을 알려드립니다. 말로 하면 편하게 술술 나오는데 글로 쓰려면 막히는 분들께 특히 유용한 방법입니다.

AI코치 - 프롬프트 예시

프롬프트: 초안 수정 요청

방금 쓴 초안을 읽어봤어. 전체적으로 좋은데 몇 가지 고칠 게 있어.

1. 첫 손님은 할머니가 아니라 30대 아주머니였어.

2. 김치 가격은 1,000원이 아니라 500원이었어.

3. "떨렸다"라는 표현이 세 번 나오는데 한 번만 써줘.

4. 마지막 문장에 희망적인 느낌을 더해줘.

이 부분들을 고쳐서 다시 써줘.

구술 내용을 AI에 입력하고 문단으로 편집과 정리 4

글쓰기가 어려운 분들이 많습니다. 펜을 들면 손이 떨리고 키보드 앞에 앉으면 막막합니다. 하지만 이상하게도 말로는 술술 나옵니다. 친구를 만나면 지난 이야기를 재미있게 풀어놓는데 그걸 글로 쓰려면 한 줄도 못 쓰겠다는 분들이 많습니다.

여러분도 그런가요? 그렇다면 좋은 소식이 있습니다. 이제는 말로 해도 됩니다. 여러분이 말로 한 것을 AI가 글로 바꿔줍니다. 마치 구술 필기를 해주는 비서가 생긴 것과 같습니다.

음성으로 자서전을 쓰는 방법은 간단합니다. 스마트폰의 녹음 기능을 사용하세요. 아이폰이면 '음성 메모', 안드로이드면 '음성녹음' 앱이 기본으로 있습니다. 녹음 버튼을 누르고 말하면 됩니다. 녹음을 마치면 바로 텍스트 전환 기능이 있어서 텍스트로 바꾸고 틀린 부분을 수정하면 됩니다. 아니면 처음부터 삼성노트나 클로바노트도 녹음을 바로 텍스트로 해주는 기능이 있기 때문에 편리합니다.

완벽한 문장으로 말할 필요가 없습니다. "그게… 음… 1985년이었나? 아니다, 86년이었나? 아무튼 그때…." 이렇게 말해도 괜찮습니다. 나중에 AI가 정리해 줍니다. 중요한 것은 기억을 있는 그대로 말하는 것입니다.

녹음할 때 조용한 곳을 선택하세요. 시끄러우면 AI가 말을 제대로 알아듣지 못합니다. 그리고 스마트폰을 입에서 너무 멀리 두지 마세요. 20~30cm 정도가 적당합니다. 한 번에 너무 길게 말하지 마세요. 10~15분 정도가 적당합니다. 너무 길면 나중에 정리하기 힘듭니다. 한 소제목당 하나의 녹음 파일을 만드는 것이 좋습니다.

녹음이 끝나면 그 파일을 AI에게 보내세요. ChatGPT나 Claude에 음성 파일을 업로드할 수 있습니다. AI가 그것을 듣고 텍스트로 바꿔줍니다. 요즘 AI는 음성 인식이 매우 정확합니다. 사투리도 대부분 알아듣습니다. 그렇지만 텍스트로 바뀌면 내용을 확인해 봐야 합니다. 잘못 인식한 부분이 있을 수 있습니다. 특히 고유명사사람 이름, 지명는 틀릴 가능성이 높습니다. "구로공단"을 "구로 공단"으로, "청계천"을 "청계 천"으로 잘못 들을 수 있습니다. 수정하세요.

텍스트가 확인되면 AI에게 다듬어달라고 하세요. "이 구술 내용을 자연스러운 글로 바꿔줘. 말투를 글말로 바꾸고, 반복되는 부분은 정리하고, 문단을 나눠줘"라고 요청하세요.

구술할 때는 감정도 함께 표현하세요. "그때 정말 힘들었어요" 하고 목소리에 힘을 주거나 "그때는 행복했지" 하고 웃으면서 말하면 AI가 그 뉘앙스를 글에 담습니다. AI는 목소리 톤도 어느 정도 인식합니다.

또 하나 팁을 드리자면 녹음 전에 간단한 메모를 하세요. "1. 공장

폐업 2. 한 달의 답답함 3. 친구의 제안 4. 결심 5. 첫날"처럼 순서를 메모해 두면 말할 때 길을 잃지 않습니다.

글쓰기가 어렵다고 자서전을 포기하지 마세요. 말할 수만 있다면 자서전을 쓸 수 있습니다. AI가 여러분의 말을 듣고 글로 바꿔줍니다. 여러분은 그저 기억을 떠올리고 편하게 말하기만 하면 됩니다.

AI코치 - 프롬프트 예시

프롬프트: 음성 파일 처리 요청

[음성 파일 업로드]

방금 올린 내 음성 파일을 들어봐. 이것은 내가 시장 상인 첫날에 대해 구술한 거야.

다음과 같이 처리해 줘: 1. 음성을 텍스트로 변환 2. 잘못 인식된 부분이 있으면 알려줘 3. 말투를 글말로 바꿔줘예: "그게 말이야" → "그것은" 4. 반복되는 내용은 정리 5. 적절하게 문단 나누기 6. 2~3페이지 분량의 자연스러운 글로 완성

톤: 소박하고 담담하게

음성-텍스트 변환 도구 비교: 클로바노트 등 실전

5

구술로 자서전을 쓰기로 했다면, 좋은 도구를 선택하는 것이 중요합니다. 음성을 텍스트로 바꿔주는 도구가 여러 가지 있는데 각각 장단점이 다릅니다. 어떤 것이 여러분에게 맞을까요?

먼저 이해해야 할 것이 있습니다. 음성을 텍스트로 바꾸는 것을 'STTSpeech To Text'라고 부릅니다. 요즘은 이 기술이 매우 발전해서 사람이 말하는 것을 거의 완벽하게 알아듣습니다. 심지어 사투리도 어느 정도 인식합니다. 내가 수년간 시니어분들과 작업하면서 시험해 본 도구들을 소개하겠습니다. 각 도구의 장단점과 실제 사용 후기를 솔직하게 말씀드리겠습니다.

클로바노트

클로바노트는 네이버가 만든 한국어 특화 도구입니다. 한국어 인식률이 매우 높습니다. 특히 나이 드신 분들의 말투, 사투리를 잘 알아듣습니다. 72세 김순자 할머니는 경상도 사투리를 쓰시는데 클로바노트가 90% 이상 정확하게 인식했습니다. "이게 내 말을 다 알아듣네?" 하고 놀라셨습니다.

클로바노트는 스마트폰 앱으로도, PC웹사이트로도 사용할 수 있습니다. 무료 버전은 월 300분까지 사용 가능합니다. 하루 10분씩 쓴다면 한 달 충분히 사용할 수 있는 양입니다. 유료 버전은 월 9,900원이며 무제한 사용 가능합니다.

장점은 한국어에 강하다는 것입니다. "~했어요", "~됐어요" 같은 한국어 특유의 종결어미를 정확히 인식합니다. 또한 네이버 계정만 있으면 바로 사용할 수 있어 접근성이 좋습니다. 녹음과 동시에 텍스트로 변환되는 '실시간 변환' 기능도 있어 편리합니다.

단점은 긴 파일을 한 번에 처리하기 어렵다는 것입니다. 한 파일당 최대 3시간까지만 지원합니다. 하지만 자서전 작업에는 보통 10~15분 단위로 녹음하므로 큰 문제가 안 됩니다.

ChatGPT

ChatGPT의 음성 입력 기능도 훌륭합니다. ChatGPT 모바일 앱아이폰, 안드로이드에는 음성 대화 기능이 있습니다. 마이크 아이콘을 누르고 말하면 ChatGPT가 듣고 답합니다. 마치 사람과 대화하듯이요.

이 기능을 자서전 쓰기에 활용할 수 있습니다. AI와 대화하며 이야기를 풀어놓는 것입니다. "오늘은 내가 시장에서 장사를 시작한 날에 대해 이야기할게"라고 말하고, 그냥 이야기하면 됩니다.

ChatGPT가 중간중간 질문도 던져주고 이야기를 이끌어줍니다.

물론 음성인식 앱은 Speech note 같은 무료앱 종류가 얼마든지 많이 있고 워드나 메모장에서 바로 사용할 수 있습니다. 구글 docs에서는 노트북을 켜고 말을 하면 동시에 텍스트로 입력이 되기 때문에 편리하고 속도가 빠를 뿐 아니라 인식율도 스마트폰보다 우수합니다.

그렇다면 어떤 도구를 선택해야 할까요? 제 경험상 이렇습니다.

한국어만 쓰시고, 표준어나 약간의 사투리 정도라면 클로바노트를 추천합니다. 한국어 인식률이 가장 높고, 사용하기도 쉽습니다.

가족과 대화하며 녹음하실 계획이라면 네이버 AiRS가 좋습니다. 화자 구분 기능이 유용합니다.

영어 단어를 자주 섞어 쓰시거나 국제적 경험을 많이 쓰실 계획이라면 Otter.ai를 고려하세요.

무료로 시작하고 싶으시다면 구글 문서 음성 입력이나 ChatGPT 음성 대화로 시작하세요. 충분히 사용 가능합니다.

음성-텍스트 변환 도구를 선택할 때 중요한 것은 정확도보다 편안함입니다. 아무리 정확해도 사용하기 어려우면 계속 쓰지 못합니다. 반대로 조금 덜 정확해도 편하게 쓸 수 있으면 자주 사용하게 되고 결국 더 많은 내용을 만들어낼 수 있습니다.

처음에는 무료 도구로 시작해 보세요. 클로바노트 무료 버전, 구글 문서 음성 입력, ChatGPT 음성 대화. 이것들을 며칠 써보고 어느 것이 가장 편한지 느껴보세요. 그다음 필요하면 유료로 전환하거나 다른 도구를 시도해 보세요.

도구는 도구일 뿐입니다. 중요한 것은 여러분의 이야기입니다. 어떤 도구를 쓰든 여러분이 편하게 이야기를 꺼낼 수 있다면 그것이 최고의 도구입니다.

AI코치 - 프롬프트 예시

프롬프트: 음성 텍스트 정리

[클로바노트로 변환한 텍스트 붙여넣기]

이건 클로바노트로 변환한 내 구술이야.

몇 가지 문제가 있어: 1. 사투리 때문에 잘못 인식된 부분 2. 말이 끊긴 부분 3. "음…", "어…" 같은 군더더기 이것들을 깨끗하게 정리하고 자연스러운 글로 만들어줘.

구술 내용의 효과적 정리: 말투를 글말로 전환하는 AI 프롬프트 예시

6

구술로 이야기했고 음성을 텍스트로 바꿨습니다. 하지만 그것을 그대로 책에 넣을 수는 없습니다. 말투와 글말은 다릅니다. "그게 말이야, 그때 진짜 힘들었거든? 근데 어쩌겠어. 해야지 뭐." 이렇게 말로 한 것을 그대로 쓰면 어색합니다. 글로 다듬어야 합니다.

여기서 조심해야 할 것이 있습니다. 너무 딱딱하게 바꾸면 여러분의 목소리가 사라집니다. "당시 상황은 매우 어려웠다. 선택의 여지가 없었으므로 수행할 수밖에 없었다." 이렇게 바꾸면 마치 보고서 같습니다. 여러분의 따뜻한 목소리가 느껴지지 않습니다.

균형이 필요합니다. 말투의 자연스러움은 살리되, 글로서의 품격도 갖춰야 합니다. 이것을 AI가 잘 도와줄 수 있습니다.

78세 김순자 할머니의 구술을 예로 들어보겠습니다. 할머니는 이렇게 말씀하셨습니다. "그게 말이야, 1985년이었어. 아, 근데 86년이었나? 아무튼 그때. 공장이 갑자기 문 닫은 거야. 완전 갑자기. 나도 어이가 없었어. 그래도 뭐, 어쩌겠어. 살아야지. 그래서 친구한테 물어봤어. 나 뭐 하면 좋겠냐고. 친구가 그러더라고. 시장에서 장사 한번 해보라고. 나는 처음엔 '에이, 내가 무슨 장사를…' 했는데, 생각해 보니까 다른 방법도 없더라고. 그래서 한번 해보기로 했어."

이것을 그대로 책에 넣으면 어떨까요? 생생하긴 한데, 조금 산만합니다. 반복도 많고 문장도 길고 짧은 것이 뒤섞여 있습니다. AI에게 다듬어달라고 했습니다.

"이 구술 내용을 자연스러운 글로 바꿔줘. 말투는 살리되, 반복과 군더더기는 정리해 줘. 자연스럽고 읽기 편한 문장으로 만들어줘."

AI가 이렇게 바꿔줬습니다. "1985년이었다. 공장이 갑자기 문을 닫았다. 어이가 없었지만 어쩔 수 없었다. 살아야 했다. 친구에게 물었다. '나 뭐 하면 좋겠어?' 친구가 말했다. '시장에서 장사 한번 해봐.' 처음엔 망설였다. '내가 무슨 장사를…' 하지만 다른 방법이 없었다. 해보기로 했다."

훨씬 깔끔하지 않나요? 하지만 할머니의 목소리는 여전히 느껴집니다. "어이가 없었지만", "어쩔 수 없었다", "해보기로 했다" 이런 표현들이 할머니의 담담한 톤을 살려줍니다.

할머니가 이것을 읽고 말씀하셨습니다. "좋은데, 조금 더 내 느낌이 살았으면 좋겠어. 그때 정말 막막했거든." 그래서 AI에게 다시 요청했습니다.

"이 글에 감정을 좀 더 살려줘. 특히 막막했던 마음, 불안했던 마음을 더 표현해 줘."

AI가 수정했습니다. "1985년, 공장이 갑자기 문을 닫았다. 마흔다섯의 나이에 하루아침에 일자리를 잃었다. 막막했다. 친구에게 물었다. '나 이제 뭘 하면 좋겠어?' 목소리가 떨렸다. 친구가 말했다. '시장에서 장사 한번 해봐.' 시장? 나를? 망설였다. 하지만 달리 방법이 없었다. 두려웠지만 해보기로 했다."

이제 감정이 살아났습니다. "막막했다", "목소리가 떨렸다", "두려웠지만" 이런 표현들이 할머니의 마음을 전달합니다.

AI에게 프롬프트를 줄 때는 구체적으로 말하세요.

나쁜 프롬프트: "이거 글로 바꿔줘." → 너무 애매합니다. AI가 어떻게 바꿔야 할지 모릅니다.

좋은 프롬프트: "이 구술 내용을 자연스러운 글로 바꿔줘. 내 말투의 소박함은 살리되 반복과 군더더기는 정리하고, 문장은 짧고 간결하게 만들어줘. 감정은 절제되게 표현해 줘." → 명확합니다. AI가 정확히 어떻게 해야 할지 압니다.

구술을 글로 바꾸는 작업은 한 번에 끝나지 않습니다. AI가 만든 것을 읽고 수정하고 다시 읽고 또 수정합니다. 이 과정을 2~3번 반복하면 여러분이 만족하는 글이 나옵니다.

가장 중요한 것은 소리 내어 읽어보는 것입니다. AI가 다듬은 글을 눈으로만 읽지 말고 입으로 읽어보세요. 어색한 부분이 귀로 들으면 바로 느껴집니다. '이 문장은 뭔가 이상한데?' 하고 느껴지면 수정하세요.

구술의 생생함과 글의 품격, 이 두 가지를 다 잡는 것이 목표입니다. 쉽지 않지만, AI의 도움으로 충분히 가능합니다. 여러 번 시도하고, 수정하고, 다듬으세요. 완벽을 추구하지 말고, 여러분답게 만드는 것에 집중하세요.

구술로 자서전을 쓰는 것은 마치 도공이 흙으로 항아리를 빚는 것과 같습니다. 처음에는 덩어리구술입니다. 그것을 빚고텍스트로 변환, 다듬고글말로 전환, 굽고최종 수정, 완성합니다. 각 단계마다 조금씩 나아지고, 결국 아름다운 작품이 탄생합니다.

다음 절에서는 잊었던 기억을 AI가 질문으로 끄집어내는 '회상 질문법'을 배웁니다. '그때 뭐 했더라?' 기억이 안 날 때 AI가 적절한 질문을 던져 기억의 문을 열어주는 방법입니다.

AI코치 – 프롬프트 예시

프롬프트: 구술 내용 다듬기 기본

다음은 내가 구술한 내용이야.

[구술 텍스트 붙여넣기]

이것을 자연스러운 글로 바꿔줘. 말투"~거든", "~잖아"는 적당히 살리되, 반복은 제거, 문장은 짧고 간결하게, "음…", "어…" 같은 군더더기 제거, 시제를 과거형"~했다"으로 통일, 내 소박한 톤은 유지, 2~3페이지 분량으로 만들어줘.

AI 회상 질문법으로 40~50년 전 잊힌 기억 복원 7

기억은 참 신기합니다. 40년 전 일을 생각하려고 하면 아무것도 떠오르지 않다가 어떤 순간 갑자기 생생하게 되살아납니다. 한잔의 커피 향기를 맡다가, 오래된 노래를 듣다가, 누군가의 질문을 받다가. 그 순간 기억의 문이 활짝 열립니다.

74세 최순자 할머니는 1970년대 이야기를 쓰다가 막히셨습니다. "그때 뭘 했는지 도통 기억이 안 나요. 너무 오래됐어요." 저는 할머니께 물었습니다. "할머니, 그때 아침에 일어나면 제일 먼저 뭘 하셨어요?" 할머니는 잠시 눈을 감으셨습니다. "아침에? 음… 아, 맞다! 연탄불부터 살폈지. 밤새 꺼지면 안 되니까. 그리고 물을 끓였어. 아침밥 지으려고. 애들 깨우고, 도시락 쌌지. 큰애는 김밥을 좋아했고 작은애는 주먹밥…."

한 가지 질문에 기억이 술술 풀려나왔습니다. 연탄불, 물 끓이기, 아침밥, 도시락. 그리고 그 안에 담긴 수많은 이야기가 되살아났습니다.

이것이 바로 '회상 질문법'입니다. 막연히 "그때를 기억해 보세요"라고 하면 아무것도 떠오르지 않습니다. 하지만 구체적인 질문을 던지면 기억의 실타래가 풀립니다. AI가 이 역할을 훌륭하게 해줄 수 있습니다. 회상 질문은 구체적이고 감각적일수록 효과적입니다. 막연한 질문보다는 오감을 자극하는 질문이 좋습니다.

막연한 질문: "그때 어땠어요?"

구체적 질문: "그때 공장에서 어떤 냄새가 났어요?"

냄새를 떠올리는 순간, 그 시절이 생생하게 되살아납니다. 기름 냄새, 천 냄새, 먼지 냄새. 그리고 그 냄새와 함께 그때의 모든 것이 돌아옵니다.

AI에게 시기별로 다른 질문을 요청할 수 있습니다.

유년기 질문: "어릴 때 가장 좋아한 놀이는?", "집은 어떻게 생겼어요?", "저녁밥 먹을 때 가족은 어떻게 둘러앉았어요?", "겨울에 추우면 어떻게 했어요?"

청년기 질문: "첫 직장 출근길은 어땠어요?", "월급봉투를 처음 받았을 때 기분은?", "그 돈으로 뭘 제일 먼저 샀어요?", "쉬는 날엔 뭘 했어요?"

장년기 질문: "아이들 학교 보낼 때 아침 풍경은?", "가족 여행 간 적 있어요? 어디로?", "명절에는 어떻게 보냈어요?", "가장 힘들었던 순간은?"

노년기 질문: "은퇴하던 날 기분은?", "손주를 처음 안았을 때는?", "지금 하루 일과는?", "가장 행복한 순간은?"

질문에 답하다 보면 연쇄 기억이 일어납니다. 하나를 떠올리면 다른 것이 줄줄이 떠오릅니다. '아, 그때 그 일도 있었지!', '그러고 보니 그것도 생각나네!'

사진을 보며 질문하는 것도 효과적입니다. 오래된 사진을 AI에게 보여주고 "이 사진을 보고 내게 질문 10개를 만들어줘"라고 하세요.

AI가 사진을 분석하고 질문합니다. "이 사진은 어디서 찍은 건가요?", "옆에 계신 분은 누구세요?", "이날이 특별한 날이었나요?", "이 옷은 어떻게 마련하셨어요?", "사진 찍기 전후로 무슨 일이 있었나요?"

사진 속 작은 디테일도 기억의 실마리가 됩니다. 배경에 보이는 간판, 입고 있는 옷, 들고 있는 물건. AI가 그것들을 발견하고 질문하면 그 순간이 생생하게 되살아납니다.

계절별 질문도 좋습니다. 같은 시기라도 계절에 따라 전혀 다른 기억이 있습니다.

"1975년 봄에는 뭘 하셨어요?", "여름에는?", "가을에는?", "겨울에는?" 각 계절의 질문에 답하다 보면 1년 전체가 그려집니다.

하나의 사건을 여러 각도에서 질문하면 입체적인 이야기가 나옵니다. 회상 질문을 할 때 주의할 점이 있습니다. 너무 많은 질문을 한 번에 던지지 마세요. 압도당합니다. 하루에 5~10개 정도가 적당합니다. 천천히, 하나씩 답하세요.

또한 틀린 기억도 괜찮다는 것을 받아들이세요. "1975년이었나, 76년이었나?" 정확하지 않아도 됩니다. 대략적인 시기만 맞으면 충분합니다. 중요한 것은 정확성보다 진정성입니다.

AI는 여러분의 기억을 자극하는 질문 제조기입니다. 필요할 때마다 새로운 질문을 요청하세요. "70년대 겨울 관련 질문 10개 더 만들어줘.", "시장 손님 관련 질문 5개 더.", "가족 관계 관련 질문 10개." AI는 끝없이 질문을 만들어줍니다.

기억은 보물창고입니다. 40년, 50년, 70년간 쌓인 보물들이 가득합니다. 회상 질문은 그 창고의 열쇠입니다. AI가 열쇠를 하나하나 만들어주고, 여러분이 그 열쇠로 문을 엽니다. 그러면 잊고 있던 보물들이 쏟아져 나옵니다.

AI코치 - 프롬프트 예시

프롬프트: 시기별 회상 질문

나는 1970년대 청계천 공장 생활을 쓰고 있어. 그런데 그때 일상이 잘 기억이 안 나.

그 시절 일상을 떠올리는 데 도움이 될 구체적이고 감각적인 질문 20개를 만들어줘.

오감을 자극하는 질문으로: 시각뭘 봤나, 청각무슨 소리가 들렸나, 후각어떤 냄새가 났나, 촉각무슨 느낌이었나, 미각뭘 먹었나

AI 초고인 기계적 문장을 인간적 감성으로 수정하는 실전 팁 8

AI가 만든 초고를 받았습니다. 구조도 좋고, 문법도 완벽합니다. 하지만 뭔가 아쉽습니다. '이게 내 이야기가 맞나?' 싶습니다. 너무 깔끔해서 오히려 차갑게 느껴집니다. 이제 이것을 여러분의 진짜 목소리로 바꿀 차례입니다.

AI는 훌륭한 조수이지만 여러분의 삶을 살지는 않았습니다. AI는 "힘들었다"라고 쓰지만 얼마나 힘들었는지, 그 힘듦의 질감은 여러분만이 압니다. AI는 "기뻤다"라고 쓰지만 가슴이 터질 것 같았던 그 벅찬 감정은 여러분만이 표현할 수 있습니다.

초고를 다듬는 첫 번째 원칙은 소리 내어 읽기입니다. 눈으로만 읽지 말고 입으로 읽어보세요. 어색한 부분이 귀로 들으면 바로 느껴집니다. '이 문장은 내가 할 말이 아닌데', '이 표현은 너무 어려운데', '여기는 뭔가 이상한데' 등 읽다가 걸리는 부분이 있으면 표시하세요.

두 번째 원칙은 감정 더하기입니다. AI는 사실을 나열하지만 감정은 약합니다. "공장이 문을 닫았다. 일자리를 잃었다. 막막했다." 이렇게 쓰지만 너무 건조합니다. 여러분은 이렇게 바꿀 수 있습니다. "공장이 문을 닫았다는 소식을 들었을 때 다리에 힘이 풀렸다. 어떻게 살아야 하나. 밤새 잠을 이루지 못했다." 감정의 온도가 올라갑니다.

세 번째 원칙은 구체적 디테일 추가입니다. AI는 "밥을 먹었다"라고 쓰지만 여러분은 "된장찌개와 김치, 그리고 어제 남은 생선 한 토막"이라고 쓸 수 있습니다. 구체적일수록 생생합니다. "추웠다"보다는 "손끝이 시려서 호호 불어가며 일했다"가 독자의 마음에 와닿습니다.

네 번째 원칙은 여러분만의 표현 살리기입니다. AI는 표준어로 정제된 문장을 쓰지만 여러분에게는 고유한 말투가 있습니다. "그랬어요"보다 "그랬지요", "힘들었어요"보다 "힘들었답니다". 작은 어미 하나가 여러분의 목소리를 만듭니다. 사투리를 적당히 섞는 것도 좋습니다.

다섯 번째 원칙은 불완전함을 인정하기입니다. AI는 완벽한 문장을 만들지만 인생은 완벽하지 않습니다. "그때 왜 그랬는지 지금도 모르겠다", "후회되지만 어쩔 수 없었다", "완벽하지 않았지만 최선이었다"와 같은 솔직함이 독자의 공감을 얻습니다.

실제로 어떻게 다듬는지 예를 들어보겠습니다.

AI 초고: "1985년, 공장이 폐업했다. 나는 실업자가 되었다. 새로운 일을 찾아야 했다. 친구의 조언으로 시장에서 일하기로 결정했다."

너무 건조합니다. 다듬어봅시다.

수정본: "1985년 봄 공장이 문을 닫았다. 스무 해를 일한 곳이었다. 하루아침에 거리로 나앉았다. 마흔다섯, 이 나이에 뭘 할 수 있을까. 막막했다. 한 달을 집에만 있으니 답답해 미칠 것 같았다. 친구가 말했다. '시장에서 해봐.' 시장? 나를? 처음엔 코웃음 쳤다. 하지만 달리 방법이 없었다."

감정이 살아났고, 독백이 들어가고, 문장이 짧아져 긴박감이 생겼습니다.

초고를 다듬을 때 AI의 도움을 받을 수도 있습니다. "이 부분에 내 감정을 더 넣어줘. 막막함, 두려움, 그래도 해야 한다는 각오"라고 요청하세요. AI가 다시 쓰면 그것을 또 여러분이 다듬으세요. 이렇게 AI와 주고받으며 점점 여러분의 목소리에 가까워집니다.

중요한 팁: 한 번에 완벽하게 다듬으려고 하지 마세요. 첫 번째 읽기에서는 큰 흐름만 보고 어색한 부분 표시만 하세요. 두 번째 읽기에서 문장을 고치고, 세 번째 읽기에서 감정을 더하고, 네 번째 읽기에서 디테일을 추가하세요. 여러 번에 걸쳐 다듬으면 부담이 적고 결과도 좋습니다.

마지막으로 완벽을 추구하지 마세요. 80% 만족스러우면 됩니다. 100%를 추구하다가는 끝이 없고 지쳐서 포기하게 됩니다. 80%면 충분히 감동적입니다. 나머지 20%는 독자가 상상으로 채워줍니다.

AI는 초벌구이를 만들어주는 도구입니다. 최종 요리사는 여러분입니다. AI가 만든 밑그림에 여러분의 색깔을 입히세요. 그러면 기계가 아닌 사람이 쓴, 가슴을 울리는 자서전이 탄생합니다.

AI코치 – 프롬프트 예시

프롬프트: 감정 강화 요청

[초고 문단 붙여넣기]

이 부분이 너무 건조해. 내 감정을 더 살려서 다시 써줘. 막막했던 마음, 두려웠지만 해야 한다는 각오, 가족 생각에 눈물이 났던 순간, 하지만 과장하지 말고 절제된 방식으로.

6장

·

Revision & Refinement

AI 기반 문장 수정과
교정(퇴고) 실무

AI에게 맞춤법과 문법 오류 검토를 요청하는 정교한 프롬프트 1

초고를 다 쓰고 나면 뿌듯합니다. 하지만 곧 불안이 찾아옵니다. '맞춤법이 맞나?', '문법이 틀리지 않았나?' 걱정이 됩니다. 한글 맞춤법은 복잡합니다. '되'와 '돼', '안'과 '않', 띄어쓰기 규칙. 젊은 사람도 헷갈리는데, 70대가 넘어서 모두 완벽하게 지키기는 어렵습니다.

자서전에 맞춤법 오류가 가득하면 어떨까요? 아무리 감동적인 내용이라도 신뢰를 잃습니다. 독자가 내용에 집중하지 못하고 오류에만 눈이 갑니다. '할머니가 이것도 모르시나?' 하며 안타까워할 수도 있습니다. 그래서 퇴고가 중요합니다.

퇴고, 어렵게 느껴지는 단어입니다. 본질은 간단합니다. 다시 읽고 고치는 것입니다. 처음 쓸 때는 생각을 글로 옮기는 데 집중했다면 이제는 그 글을 다듬는 시간입니다. 거친 돌을 매끄럽게 가는 것처럼 거친 문장을 부드럽게 만드는 작업입니다.

AI는 이 과정에서 훌륭한 조수가 됩니다. AI는 지치지 않고 불평하지 않으며 200페이지든 300페이지든 꼼꼼히 검토해 줍니다. AI를 제대로 활용하려면 어떻게 부탁하느냐가 중요합니다. 막연히 "검사해 줘"라고 하면 막연한 결과가 나옵니다. 구체적이고 정교한 요청이 필요합니다.

맞춤법과 문법 검토를 요청할 때는 이렇게 구체적으로 말하세요. "이 글의 맞춤법과 문법 오류를 찾아서 수정해 줘. 틀린 부분은 빨간색으로 표시하고 왜 틀렸는지 간단히 설명해 줘. 그리고 수정된 전체 글을 다시 써줘."

이렇게 요청하면 AI는 체계적으로 검토합니다. '되'를 '돼'로 고쳐야 하는 부분, '않'을 '안'으로 바꿔야 하는 부분, 띄어쓰기가 잘못된 부분, 하나하나 짚어줍니다. 그리고 왜 틀렸는지 설명까지 해주니 여러분도 배울 수 있습니다.

AI가 항상 옳은 것은 아닙니다. 때로는 AI도 실수합니다. 특히 문맥을 고려해야 하는 경우 AI가 헷갈릴 수 있습니다. AI의 수정안을 무조건 받아들이지 말고 여러분이 한 번 더 확인하세요. '이게 맞나?' 싶으면 네이버나 국립국어원 사전에서 찾아보세요.

띄어쓰기는 특히 까다롭습니다. '할수있다'는 '할 수 있다'로 띄어써야 하고, '그럼에도불구하고'는 '그럼에도 불구하고'로 띄어 써야 합니다. 규칙이 복잡해서 혼동하기 쉽습니다. AI에게 "띄어쓰기를 중점적으로 봐줘"라고 요청하면 띄어쓰기에 집중해서 검토해 줍니다.

문법 오류도 여러 종류가 있습니다. 주어와 서술어가 호응하지 않는 경우나 시제가 일치하지 않는 경우, 조사를 잘못 쓴 경우 등의 문법 오류가 있습니다. AI에게 "주어-서술어 호응, 시제 일치, 조사 사용을 중점적으로 검토해 줘"라고 구체적으로 요청하세요.

문장이 너무 길어서 의미가 불분명한 경우도 있습니다. "나는 아침에 일어나서 세수를 하고 밥을 먹고 출근을 했는데 날씨가 추워서 외투를 입었고 버스를 타고 가다가 친구를 만났다." 이런 문장은 이해하기 어렵습니다. AI에게 "너무 긴 문장은 짧게 나눠줘"라고 하면 적절히 끊어줍니다.

맞춤법 검사는 여러 차례 하세요. 한 번으로는 부족합니다. 첫 번째 검사에서 고치고 두 번째 검사에서 또 고치고. 매번 새로운 오류를 발견하게 됩니다. 세 번쯤 하면 대부분의 오류가 사라집니다.

AI 외에 다른 도구도 함께 쓰면 좋습니다. 네이버 맞춤법 검사기, 한글 맞춤법 검사기, 부산대학교 맞춤법 검사기. 이런 도구들은 무료이고 정확도가 높습니다. AI로 한 번, 이런 도구로 한 번 더 검사하면 이중 안전장치가 됩니다. 맞춤법과 문법은 기본입니다. 이것이 제대로 되어야 내용이 빛납니다. 아무리 좋은 이야기라도 오류투성이면 그 가치가 반감됩니다. 반대로 맞춤법과 문법이 정확하면 독자가 내용에 집중할 수 있고 여러분의 이야기가 더 존중받습니다.

완벽을 추구하지는 마세요. 맞춤법과 문법에서 100% 오류가 없는 글은 거의 없습니다. 전문 작가의 책에서도 가끔 오류가 발견됩니다. 너무 집착하면 지치고 쓰기가 싫어집니다. 최선을 다하되 완벽을 강요하지는 마세요.

맞춤법과 문법 검토는 지루한 작업입니다. 하지만 필요한 작업입니다. 이것을 마치고 나면 여러분의 글이 한층 더 세련되고 읽기 편해집니다. 그 차이를 느낄 때 노력한 보람을 느낄 것입니다.

AI코치 - 프롬프트 예시

프롬프트: 종합 맞춤법·문법 검토

[원고 일부 붙여넣기]

이 글의 맞춤법과 문법을 검토해 줘.

1. 맞춤법 오류되/돼, 안/않 등, 2. 띄어쓰기 오류, 3. 문법 오류주어-서술어 호응, 시제 일치, 조사 사용, 4. 너무 긴 문장은 짧게 나누기

틀린 부분은 [수정 전] → [수정 후] 형식으로 보여주고 왜 틀렸는지 간단히 설명해 줘. 그다음 수정된 전체 글을 다시 써줘.

문장 길이 조절과 간결성 확보: AI를 활용한 문장 압축/확장 2

글을 쓰다 보면 문장이 쭉쭉 늘어납니다. 하고 싶은 말이 많으니까요. "그때 나는 새벽 4시에 일어나서 재료를 준비했는데 날씨가 추워서 손이 시렸고 그래도 참고 일을 했는데 첫 손님이 왔을 때는 정말 기뻤고 그분이 내 음식을 맛있다고 하셔서 더욱 기뻤다." 이런 문장을 쓰게 됩니다.

이 문장, 틀린 것은 없습니다. 하지만 읽기 힘듭니다. 한 호흡에 읽을 수 없습니다. 중간에 숨이 차서 멈춰야 합니다. 그러면 의미 파악도 어렵습니다. 이런 문장이 계속되면 독자는 지칩니다.

반대로 너무 짧은 문장만 계속되는 것도 문제입니다. "일어났다. 씻었다. 밥 먹었다. 출근했다." 로봇 같습니다. 감정이 없습니다. 리듬이 단조롭습니다. 이것도 독자를 지치게 만듭니다. 문장 길이의 균형이 필요합니다. 긴 문장과 짧은 문장을 섞어야 합니다. 긴 문장으로 여유롭게 풀어쓰다가, 짧은 문장으로 강조하고 다시 긴 문장으로 이어가는 이런 리듬이 글을 살립니다.

AI는 이 균형을 잡는 데 도움을 줍니다. 너무 긴 문장은 나눠주고 너무 짧은 문장은 연결해 줍니다. 여러분은 AI에게 구체적으로 요청하기만 하면 됩니다.

긴 문장을 나누고 싶을 때는 이렇게 말하세요. “이 문장이 너무 길어. 두세 개로 나눠줘. 의미는 그대로 유지하되 읽기 편하게 만들어줘.” AI가 적절한 지점에서 문장을 끊어줍니다.

예를 들어 앞의 긴 문장을 AI에게 주면 이렇게 바뀝니다. “그때 나는 새벽 4시에 일어나 재료를 준비했다. 날씨가 추워 손이 시렸다. 그래도 참고 일했다. 첫 손님이 왔을 때 정말 기뻤다. 그분이 내 음식을 맛있다고 하셔서 더욱 기뻤다.” 다섯 개의 짧은 문장으로 나뉘었습니다. 읽기 훨씬 편합니다.

반대로 짧은 문장을 연결하고 싶을 때는 이렇게 말하세요. “이 문장들이 너무 짧고 끊어져. 자연스럽게 이어줘. 접속사나 연결어를 사용해서.” AI가 문장들을 매끄럽게 연결해 줍니다.

“일어났다. 씻었다. 밥 먹었다. 출근했다”를 AI에게 주면 이렇게 바뀝니다. “일어나서 씻고 밥을 먹은 뒤 출근했다.” 하나의 문장으로 연결되었지만, 여전히 간결합니다.

문장 길이뿐 아니라 간결성도 중요합니다. 군더더기 없이 핵심만 전달하는 것입니다. “그 당시 그 시절에 나는 정말로 매우 많이 힘들었던 것 같다는 생각이 든다.” 이 문장에는 불필요한 말이 많습니다. “그때 나는 매우 힘들었다.” 이것만으로 충분합니다.

AI에게 “이 문장을 더 간결하게 만들어줘. 의미는 유지하되 불필요한 말은 빼줘”라고 요청하세요. AI가 군더더기를 제거해 줍니다.

하지만 주의할 점이 있습니다. 간결함이 항상 좋은 것은 아닙니다. 때로는 여유로운 문장이 필요합니다. 중요한 장면을 천천히 묘사하고 싶을 때, 감정을 깊이 표현하고 싶을 때는 긴 문장이 더 효과적입니다.

"창밖으로 보이는 석양이 아름다웠다. 붉은 빛이 하늘을 물들이고 구름 사이로 빛이 스며들었다. 나는 차를 마시며 그 풍경을 오래도록 바라보았다." 이런 문장은 길지만 아름답습니다. 이것을 "석양이 예뻤다. 차를 마셨다"로 줄이면 감동이 사라집니다.

그래서 여러분이 판단해야 합니다. AI는 도구일 뿐입니다. AI가 제안하는 것을 보고 '이게 더 나은가?' 생각하세요. 더 나으면 받아들이고 아니면 거부하세요. 여러분의 글입니다. 여러분이 결정하세요.

문장 길이를 조절하는 또 다른 방법은 문장 부호 활용입니다. 쉼표, 마침표, 세미콜론 등을 적절히 쓰면 문장 길이를 조절하면서도 의미를 명확히 할 수 있습니다.

"나는 일어났다, 씻었다, 밥을 먹었다." 이렇게 쉼표로 이으면 짧은 문장들이 하나로 연결되면서도 각각의 행동이 명확히 구분됩니다.

AI에게 "이 단락의 문장 길이에 리듬감을 더해줘. 긴 문장과 짧은 문장을 적절히 섞어서"라고 요청할 수 있습니다. AI가 문장 길이를 다양하게 조절해 줍니다. 문장 길이 조절은 세밀한 작업입니다. 한 문단을 여러 번 읽으며 조금씩 조정하세요. '이 문장은 좀 짧게', '이 문장은 조금 길게'와 같이 반복하다 보면 자연스러운 리듬이 생깁니다.

완성된 글을 소리 내어 읽어보세요. 그것이 가장 확실한 테스트입니다. 읽다가 숨이 차면 문장이 너무 긴 것입니다. 읽다가 뚝뚝 끊어지면 문장이 너무 짧은 것입니다. 자연스럽게 흐르면 적당한 것입니다. 문장 길이와 간결성 이 두 가지만 잘 조절해도 글이 훨씬 읽기 편해집니다. 내용은 같아도 표현 방식에 따라 글의 느낌이 완전히 달라집니다. AI의 도움을 받아 최적의 균형을 찾으세요.

AI코치 - 프롬프트 예시

프롬프트: 긴 문장 나누기

[긴 문장 붙여넣기]

이 문장이 너무 길어서 읽기 힘들어.

2~3개의 짧은 문장으로 나눠줘. 의미는 그대로 유지하되 읽기 편하고 명확하게 만들어줘.

글의 톤 조절하기:
AI에게 평서체, 구어체, 대화체 등 문체 일관성 수정

3

글을 쓰다 보면 톤이 왔다 갔다 합니다. 어떤 부분은 '~했다'로 끝나고, 어떤 부분은 '~했어요'로 끝나고, 또 어떤 부분은 '~했습니다'로 끝납니다. 이것은 자연스러운 현상입니다. 쓰는 동안 기분이 달라지고 며칠에 걸쳐 쓰다 보니 톤이 바뀌는 것입니다.

하지만 독자 입장에서는 어색합니다. 같은 책인데 어떤 챕터는 친근하고, 어떤 챕터는 격식 있고, 또 어떤 챕터는 딱딱합니다. 마치 여러 사람이 쓴 것 같습니다. 통일성이 없으면 몰입이 깨집니다.

톤, 즉 문체를 일관되게 유지하는 것이 중요합니다. 처음부터 끝까지 같은 톤으로 말하는 것입니다. 친구에게 말하듯 편하게 쓰기로 했으면 끝까지 그렇게, 손주에게 들려주듯 따뜻하게 쓰기로 했으면 끝까지 그렇게 유지합니다.

자서전에서 많이 쓰는 톤은 크게 세 가지입니다.

평서체는 '~했다'로 끝나는 문체입니다. 가장 일반적이고 중립적입니다. 담담하게 이야기를 풀어나갑니다. "나는 1975년에 서울로 갔다. 공장에서 일했다. 힘들었지만 견뎠다." 이런 식입니다. 감정을 절제하고 사실을 담담히 전달합니다.

구어체는 말하듯 쓰는 문체입니다. '~했어', '~했지', '~했거든' 같은 표현을 씁니다. 더 친근하고 생생합니다. "나는 1975년에 서울로 갔어. 공장에서 일했지. 힘들었지만 견뎠어." 독자와 거리가 가깝게 느껴집니다.

대화체는 '~했어요', '~했습니다'처럼 독자에게 말을 거는 듯한 문체입니다. "제가 1975년에 서울로 갔어요. 공장에서 일했어요. 힘들었지만 견뎠어요." 더욱 친밀하고, 마치 독자와 대화하는 느낌을 줍니다.

어느 것이 좋을까요? 정답은 없습니다. 여러분이 편한 것, 여러분의 성격에 맞는 것을 선택하세요. 평소 말투가 담백하다면 평서체가, 말을 많이 하는 편이라면 구어체나 대화체가 어울릴 것입니다.

중요한 것은 한번 정하면 끝까지 유지하는 것입니다. 3장은 '~했다', 5장은 '~했어', 10장은 '~했습니다' 이렇게 섞이면 안 됩니다.

AI에게 톤 통일을 부탁할 수 있습니다. 전체 원고를 주고 "이 글 전체를 평서체~했다로 통일해 줘"라고 하면 AI가 모든 문장을 평서체로 바꿔줍니다. 또는 "구어체~했어, ~했지로 통일해 줘", "대화체~했어요로 통일해 줘"라고 요청할 수 있습니다.

그러나 완전히 획일적으로 만들 필요는 없습니다. 대부분은 평서체로 쓰되 특별히 강조하고 싶은 부분, 감정이 북받치는 부분에서는 톤을 살짝 바꾸는 것도 효과적입니다. "나는 견뎠다. 참았다. 울지 않았다. 하지만 그날, 아이가 대학 합격증을 받아 들고 왔을 때 나는 울었어. 정말 많이 울었어." 대부분은 평서체지만 감정이 폭발하는 순간 구어체로 바뀝니다. 이것은 의도적인 변화이고 효과적입니다.

사투리도 톤의 일부입니다. 사투리를 섞으면 여러분의 고유한 목소리가 살아납니다. "그때 참 힘들었제", "그래도 해야 쌌제"와 같은 표현들이 여러분다움을 만듭니다. 사투리를 너무 많이 쓰면 독자가 이해하기 어려울 수 있습니다. 특히 다른 지역 출신이나 젊은 세대는 알아듣기 힘듭니다. 적당히 섞는 것이 좋습니다. 표준어로 쓰되 중요한 순간이나 인상적인 대사에 사투리를 넣으세요.

AI에게 "이 글에 경상도 사투리를 적당히 섞어줘. 너무 많지 않게 독자가 이해할 수 있는 정도로"라고 요청할 수 있습니다. AI가 적절한 위치에 사투리를 삽입해 줍니다.

톤은 독자와의 거리를 결정합니다. 평서체는 조금 거리가 있고, 구어체는 가깝고, 대화체는 매우 가깝습니다. 여러분이 독자와 얼마나 가까이 다가가고 싶은지 생각하세요. 가족에게 쓰는 것이라면 가까운 톤이 좋을 것이고, 불특정 다수에게 쓰는 것이라면 조금 거리를 두는 것이 나을 수도 있습니다.

톤을 바꾸는 것은 큰 작업입니다. 전체 원고를 다시 봐야 하니까요. 하지만 AI의 도움을 받으면 빠릅니다. 몇 분이면 200페이지 전체의 톤을 한꺼번에 바꿀 수 있습니다.

다만 AI가 바꾼 후에 여러분이 다시 확인하세요. 때로 AI가 문맥을 고려하지 않고 기계적으로 바꿀 수 있습니다. '이 부분은 원래대로 두는 게 나은데' 싶으면 되돌리세요. 톤이 통일되면 글 전체가 하나로 느껴집니다. 독자가 처음부터 끝까지 같은 목소리를 듣는 것처럼 느낍니다. '이게 할머니 목소리야'라고 느끼게 됩니다. 그것이 톤 조절의 힘입니다.

가족에게 읽어주며 확인하는 것도 좋습니다. "이 톤이 나답게 들려?" 물어보세요. 가족은 여러분을 가장 잘 압니다. 여러분다운 목소리인지 금방 알아챕니다. 톤은 문체의 옷입니다. 같은 내용이라도 어떤 톤으로 입히느냐에 따라 전혀 다른 느낌이 됩니다. 여러분에게 가장 잘 맞는 톤을 찾으세요. 그리고 그 톤으로 끝까지 일관되게 쓰세요. 그러면 여러분만의 독특한 목소리가 독자에게 전달됩니다.

AI코치 - 프롬프트 예시

프롬프트: 문체 통일

[전체 원고 또는 챕터 붙여넣기]

이 글 전체를 평서체~했다로 통일해 줘. 현재 섞여 있는 ~했어, ~했어요, ~했습니다를 모두 ~했다로 바꿔줘. 단, 대화 부분은 그대로 두고, 특별히 강조가 필요한 부분은 표시해 줘.

AI가 쓴 상투적 표현, 기계 냄새 지우기와 어색한 번역체 수정 4

AI가 쓴 글을 읽다 보면 이상한 느낌을 받을 때가 있습니다. 문법은 완벽한데 뭔가 어색합니다. 사람이 쓴 것 같지 않습니다. "그리하여", "따라서", "또한" 같은 말이 자주 나옵니다. 또는 "소중한 경험이었습니다", "값진 교훈을 얻었습니다" 같은 뻔한 표현이 반복됩니다.

이것이 바로 'AI 냄새'입니다. AI는 수많은 텍스트를 학습했기 때문에 자주 쓰이는 표현, 안전한 표현을 선호합니다. 그 결과 상투적이고 틀에 박힌 문장이 나옵니다. 사람의 숨결이 느껴지지 않습니다.

여러분의 자서전에 이런 AI 냄새가 나면 안 됩니다. 독자는 기계가 쓴 글이 아니라 여러분이 쓴 글을 읽고 싶어 합니다. 여러분의 진짜 목소리를 듣고 싶어 합니다.

"소중한 경험", "값진 교훈", "뜻깊은 시간", "의미 있는 순간" 같은 표현은 틀린 말은 아니지만 너무 뻔해서 독자 입장에서는 새로울 것이 없습니다.

이런 표현들을 찾아서 여러분만의 말로 바꾸세요. “그러므로” 대신 “그래서”, “또한” 대신 “그리고”, “게다가” 대신 “거기다”. 더 자연스럽고 일상적인 말을 쓰세요.

“소중한 경험이었습니다” 대신 “그때 정말 많이 배웠다”, “값진 교훈을 얻었습니다” 대신 “그 일로 깨달았다”처럼 구체적이고 솔직한 표현이 더 와닿습니다.

AI에게 직접 요청할 수도 있습니다. “이 글에서 상투적이고 뻔한 표현을 찾아서 더 자연스럽고 개성 있는 표현으로 바꿔줘. 특히 ‘소중한’, ‘값진’, ‘의미 있는’ 같은 형용사와 ‘그러므로’, ‘또한’ 같은 접속어를 바꿔줘.”

특히 한국어는 고유한 문체가 있는데 서양식 표현으로 되어있는 경우가 많습니다. 예를 들어 “이, 그, 저” 같은 지시 대명사를 자주 쓰는 경우가 있으며 “우리는” 같은 대명사도 자주 등장합니다. 이러한 단어가 자주 나오면 기계가 썼다는 것을 금방 알 수 있습니다.

예전에는 문장 안에 콤마 ‘,’를 쓰는 경우가 있었지만 요즘 문장은 단문으로 쓰고 콤마 부호를 거의 쓰지 않는 경향이 있습니다. AI가 쓴 글에는 유독 불필요한 콤마가 많이 나온다는 사실도 유의해야 할 점입니다.

번역체도 문제입니다. AI는 영어를 한국어로 번역한 듯한 문장을 만들 때가 있습니다. “나는 그 순간을 결코 잊지 않을 것이다”, “그것은 나에게 큰 영향을 미쳤다”와 같은 문장은 문법적으로는 맞지만 한국 사람이 일상에서 쓰는 말투가 아닙니다.

한국어답게 바꾸면 이렇습니다. “그 순간을 잊을 수 없다”, “그것이 내게 큰 영향을 줬다”가 더 자연스럽습니다.

수동태도 번역체의 특징입니다. "나는 감동을 받았다"보다 "나는 감동했다"가 자연스럽습니다. "결정이 내려졌다"보다 "결정했다"가 한국어답습니다. AI에게 "이 글에서 번역체 표현을 찾아서 자연스러운 한국어로 바꿔줘. 특히 수동태와 '~것이다' 표현을 고쳐줘"라고 요청하세요.

과도한 수식이나 미화도 조심해야 합니다. AI는 때로 지나치게 아름답게 표현하려고 합니다. "황금빛 노을이 하늘을 수놓고 은은한 바람이 마음을 어루만지며…." 이런 문장은 시적이지만 자서전에는 과합니다. 솔직하고 담백한 표현이 더 좋습니다. "노을이 예뻤다. 바람이 시원했다." 간단해도 진실하면 아름답습니다.

기계 냄새를 지우는 가장 좋은 방법은 소리 내어 읽기입니다. AI가 쓴 문장을 입으로 읽어보세요. 어색하게 느껴지면 그것이 기계 냄새입니다. 여러분이 평소에 하지 않을 말이면 고치세요. '내가 이렇게 말할까?' 자문하세요. 안 할 것 같으면 바꾸세요. 여러분이 친구에게, 가족에게 말하듯 쓰세요. 그것이 진짜 여러분 목소리입니다.

AI가 만든 초고는 훌륭한 출발점입니다. 그렇다고 그대로 쓸 수는 없습니다. 여러분의 손길이 필요합니다. AI가 만든 밑그림에 여러분의 색깔을 입히세요. 상투적 표현을 빼고 기계 냄새를 지워 여러분만의 표현을 더하세요.

그 과정이 번거로울 수 있습니다. 'AI가 알아서 다 해주면 안 돼?' 하고 생각할 수도 있습니다. 그렇다면 여러분의 자서전이 아니라 AI의 자서전이 됩니다. 여러분의 이야기인데 여러분 목소리가 들리지 않습니다. 조금 수고스럽더라도 하나하나 확인하고 고치세요. 그것이 진짜 여러분의 책을 만드는 길입니다. AI는 도우미일 뿐 저자는 여러분입니다.

AI코치 – 프롬프트 예시

프롬프트: 번역체 제거

[원고 일부 붙여넣기]

이 글에서 번역체 표현을 찾아서 자연스러운 한국어로 바꿔줘. 수동태를 능동태로, '~것이다'를 간결하게, 어색한 어순 수정, 한국 사람이 일상에서 쓰는 말투로.

문맥 가다듬기:
단락 조정과 반복/중복 피하기

5

글을 쓰다 보면 같은 이야기를 여러 번 하게 됩니다. 3장에서 "시장 일이 힘들었다"고 했는데, 5장에서 또 "시장 일이 힘들었다"고 합니다. 10장에서 또 "그때 정말 힘들었다"고 합니다. 같은 말을 반복하는 것입니다. 이것은 자연스러운 현상입니다. 며칠 몇 주에 걸쳐 쓰다 보면 앞에서 무슨 말을 했는지 잊어버립니다. 강조하고 싶은 이야기는 자꾸 반복하게 됩니다. 역시 독자 입장에서는 지루합니다. '또 같은 말이야?' 하며 집중력을 잃습니다.

반복과 중복을 찾아내 제거해야 합니다. 200페이지를 다 기억하기는 어렵습니다. 어디서 무슨 말을 했는지 일일이 기억할 수 없습니다. 여기서 AI가 도움이 됩니다. AI에게 전체 원고를 주고 "이 글에서 반복되거나 중복되는 내용을 찾아줘. 같은 이야기가 여러 번 나오는 부분을 표시해 줘"라고 요청하세요. AI가 전체를 검토하고 반복되는 부분을 찾아줍니다.

예를 들어 AI가 이렇게 알려줄 수 있습니다. "3장 5페이지, 5장 12페이지, 10장 8페이지에서 '시장 일이 힘들었다'는 내용이 반복됩니다." 그러면 여러분이 세 부분을 비교해 보고 어느 하나는 빼거나 다르게 표현하세요. 모든 반복이 나쁜 것은 아닙니다. 의도적인 반복은 강조 효과가 있습니다. 중요한 메시지를 여러 번 말하면 독자 기억에 남습니다. 하지만 그럴 때도 표현을 조금씩 다르게 해야 합니다.

"시장 일이 힘들었다"→"그래도 견뎠다"→"포기하지 않았다". 같은 의미지만 다른 말로 표현하면 반복이 아니라 점층적 강조가 됩니다.

단락 조정도 중요합니다. 단락은 생각의 단위입니다. 하나의 생각이 끝나면 단락을 바꿔야 합니다. 쓰다 보면 단락을 언제 바꿔야 할지 헷갈립니다. 너무 긴 단락은 읽기 힘듭니다. 한 페이지 전체가 하나의 단락이면 답답합니다. 반대로 너무 짧은 단락이 계속되면 글이 끊어져 보입니다. 적당한 단락 길이는 3~7문장 정도입니다. 너무 길어지면 나누고 너무 짧으면 앞뒤 단락과 합치세요.

AI에게 "이 글의 단락을 조정해 줘. 너무 긴 단락은 나누고 너무 짧은 단락은 합쳐줘. 하나의 생각 단위로 단락을 구성해 줘"라고 요청할 수 있습니다.

단락 간 연결도 확인하세요. 한 단락에서 다음 단락으로 넘어갈 때 자연스러운가요? 갑자기 주제가 바뀌면 독자가 혼란스럽습니다. 단락 간 전환이 급할 때는 연결어를 넣으세요. "그런데", "하지만", "그 무렵", "한편" 이런 말들이 단락을 자연스럽게 이어줍니다.

불필요한 정보도 중복의 일종입니다. 한 번 설명한 것을 또 설명하는 것입니다. "내 남편은 공무원이었다"라고 3장에서 말했으면 10장에서 또 "남편은 공무원이었는데"라고 할 필요 없습니다. 독자는 이미 압니다.

AI에게 “이 글에서 이미 설명한 정보를 또 설명하는 부분을 찾아 줘”라고 요청할 수 있습니다. AI가 찾아주면 불필요한 반복을 제거하세요. 단 필요한 반복도 있습니다. 앞부분과 한참 떨어진 뒷부분에서 언급할 때는 독자가 잊었을 수 있으니 간단히 상기시켜 주는 것이 좋습니다. “남편은 공무원이었다” 대신 “공무원이었던 남편은”처럼 자연스럽게 넣으세요.

처음부터 완벽하게 하려고 하지 마세요. 첫 번째 읽기에서는 큰 문제만 찾고 두 번째 읽기에서 세부를 다듬어 세 번째 읽기에서 최종 확인하세요. 여러 번 반복하면 점점 나아집니다.

AI코치 – 프롬프트 예시

프롬프트 1: 반복·중복 찾기

[전체 원고 또는 여러 챕터 붙여넣기]

이 글에서 반복되거나 중복되는 내용을 찾아줘. 같은 사건이나 이야기가 여러 번 나오는 부분, 같은 정보를 여러 번 설명하는 부분, 비슷한 표현이 가까이에서 반복되는 부분 찾아낸 부분을 표시하고 어떻게 수정하면 좋을지 제안해 줘.

프롬프트 2: 단락 조정

[원고 일부 붙여넣기]

이 글의 단락을 조정해 줘. 너무 긴 단락8문장 이상은 나누기, 너무 짧은 단락1~2문장은 합치기, 하나의 생각 단위로 단락 구성, 단락 간 자연스러운 연결 확보, 조정 이유도 간단히 설명해 줘.

통일성 점검:
AI에게 목차와 내용의 연결성과 일관성 분석 요청 6

목차를 만들 때는 완벽해 보였습니다. 25개 챕터, 논리적 순서, 균형 잡힌 구성 등. 하지만 실제로 쓰다 보니 달라졌습니다. 어떤 챕터는 계획보다 길어졌고 어떤 챕터는 짧아졌습니다. 어떤 내용은 원래 계획과 다른 챕터에 들어갔습니다.

이제 전체를 돌아보며 확인해야 합니다. 목차와 내용이 일치하는가? 전체가 일관성 있게 연결되는가? 빠진 부분은 없는가? AI가 이 확인 작업을 도와줄 수 있습니다. 전체를 조망하며 문제를 찾아내는 것은 AI가 잘하는 일입니다.

AI에게 목차와 각 챕터 요약을 주고 "목차 제목과 실제 내용이 일치하는지 확인해 줘. 제목과 다르게 쓰인 챕터가 있으면 알려줘"라고 요청하세요. 예를 들어 5장 제목이 "서울 상경: 새로운 시작"인데 실제 내용은 서울 도착 후 1년간의 이야기를 다룬다면 제목이 범위를 제대로 반영하지 못합니다. "서울 상경: 첫 1년"으로 바꾸는 것이 좋을 수 있습니다.

또는 10장 제목이 "시장에서의 어려움"인데 실제로는 어려움뿐 아니라 보람도 함께 다룬다면 제목을 "시장에서의 시련과 보람"으로 바꾸는 것이 좋습니다.

AI에게 "각 챕터의 내용을 요약하고 그 요약이 챕터 제목과 잘 맞는지 평가해 줘"라고 요청할 수 있습니다. AI가 각 챕터를 읽고 요약한 뒤 제목과의 정합성을 평가해 줍니다.

전체 흐름의 일관성도 확인하세요. 3장에서 "1975년에 시장을 시작했다"라고 했는데 10장에서 "1973년부터 시장에서 일했다"라고 하면 모순입니다. 이런 불일치를 찾아야 합니다.

AI에게 "이 글에서 날짜, 나이, 사건의 순서가 모순되는 부분을 찾아줘"라고 요청하세요. AI가 전체를 검토하고 불일치하는 정보를 찾아줍니다.

등장인물의 일관성도 확인하세요. 3장에서 "친구 영희"라고 소개했는데 10장에서 갑자기 "친구 영숙"이 나오면 독자가 혼란스럽습니다. '같은 사람인가, 다른 사람인가?' 인물 이름, 관계, 특징을 일관되게 유지하세요. AI에게 "이 글에 등장하는 모든 인물의 이름과 관계를 정리해 줘. 같은 사람이 다른 이름으로 나오거나 관계 설명이 다르게 나오는 부분을 찾아줘"라고 요청할 수 있습니다.

빠진 내용도 확인하세요. 목차에는 있는데 실제로는 쓰지 않은 챕터가 있을 수 있습니다. 또는 목차에는 없는데 쓰다 보니 추가된 내용이 있을 수 있습니다. AI에게 "목차와 실제 챕터 목록을 비교해 줘. 목차에는 있는데 빠진 챕터, 또는 목차에는 없는데 추가된 챕터를 알려줘"라고 요청하세요.

전체 분량의 균형도 확인하세요. 어떤 챕터는 15페이지인데 어떤 챕터는 3페이지면 불균형합니다. 물론 중요도에 따라 분량이 달라질 수 있으나 너무 큰 차이는 피하는 것이 좋습니다. AI에게 “각 챕터의 분량을 확인하고 너무 짧거나 긴 챕터를 알려줘. 전체 균형에 문제가 있는지 평가해 줘”라고 요청하세요.

일관성 확인은 마지막 단계에서 하는 것이 좋습니다. 개별 챕터를 다 쓰고 나서 전체를 모았을 때 하세요. 그래야 전체 그림을 볼 수 있습니다. 체크리스트를 만들어 하나씩 확인하는 것도 좋습니다.

- 각 챕터 제목이 내용과 일치하는가?
- 날짜, 나이, 사건 순서에 모순이 없는가?
- 인물 이름과 관계가 일관되는가?
- 목차의 모든 챕터가 작성되었는가?
- 챕터 분량이 균형 잡혀 있는가?
- 전체 흐름이 논리적인가?

이 체크리스트를 AI와 함께 하나씩 확인하세요.

통일성 점검은 퍼즐 맞추기와 같습니다. 개별 조각챕터들이 모여 하나의 완전한 그림자서전을 만들어야 합니다. 어느 한 조각이라도 맞지 않으면 전체가 어색해집니다.

시간을 들여 꼼꼼히 확인하세요. 이 작업을 거치면 여러분의 자서전이 하나의 통일된 작품이 됩니다. 처음부터 끝까지 일관되고, 논리적이고, 완결성 있는 이야기가 됩니다.

AI코치 – 프롬프트 예시

프롬프트: 사실 관계 일관성 점검

[전체 원고 붙여넣기]

이 글 전체에서: 1. 날짜나 연도가 모순되는 부분 2. 나이 계산이 맞지 않는 부분 3. 사건의 앞뒤 순서가 안 맞는 부분 4. 인물 이름이나 관계 설명이 다른 부분을 찾아서 표시해 주고, 어떻게 수정하면 좋을지 제안해 줘.

문학적 표현 추가:
AI에게 경구, 인용 문구, 비유 삽입 요청

7

자서전은 사실을 기록하는 것이지만 그것만으로는 부족합니다. 독자의 마음을 울리려면 문학적 표현이 필요합니다. 아름다운 비유, 가슴에 새겨지는 경구, 적절한 인용문. 이런 것들이 평범한 이야기를 특별하게 만듭니다.

70 평생 글을 많이 쓰지 않은 분들에게 문학적 표현은 어렵습니다. '비유를 쓰라고? 무슨 비유?', '경구가 뭔데?' 막막합니다. 여기서 AI가 도움이 됩니다. AI는 수많은 문학 작품을 학습했기에 아름다운 표현을 만드는 데 능숙합니다. 비유는 추상적인 것을 구체적으로, 낯선 것을 친숙하게 만듭니다. "힘들었다"보다 "마치 끝없는 터널을 걷는 것 같았다"가 더 생생합니다. "기뻤다"보다 "가슴이 터질 것 같았다"가 더 와닿습니다.

AI에게 평범한 문장을 주고 "이 문장에 비유를 추가해 줘. 더 생생하고 문학적으로 만들어줘"라고 요청하세요. 예를 들어 "그때 정말 힘들었다"라는 문장을 주면 AI는 이렇게 바꿔줄 수 있습니다. "그때는 마치 거센 폭풍우 속에서 작은 배를 저어가는 것 같았다. 어디로 가는지도 모른 채 그저 가라앉지 않으려고 필사적으로 노를 저었다."

물론 모든 문장에 비유를 넣을 필요는 없습니다. 오히려 과하면 부자연스럽습니다. 중요한 순간, 감정이 고조되는 장면, 독자에게 강하게 전달하고 싶은 부분에만 선택적으로 사용하세요. 비유를 만들 때는 독자가 이해할 수 있는 것을 사용하세요. 너무 생소하거나 어려운 비유는 오히려 혼란을 줍니다. 일상에서 흔히 보는 것과 경험하는 것으로 비유하면 독자가 쉽게 공감합니다.

"시장에서의 삶은 계절과 같았다. 봄에는 새로운 손님들이 찾아왔고, 여름에는 더위와 싸워야 했으며, 가을에는 수확의 기쁨을 맛보았고, 겨울에는 추위를 견뎌야 했다. 해마다 계절이 돌아오듯 시장의 삶도 순환했다." 이런 비유는 누구나 이해할 수 있고 시장 생활의 리듬을 효과적으로 전달합니다.

경구는 짧고 강력한 문장입니다. 인생의 교훈이나 깨달음을 압축해서 전달합니다. "가난은 부끄러운 것이 아니다. 포기하는 것이 부끄러운 것이다." 이런 문장은 독자 마음에 각인됩니다.

여러분의 삶에서 얻은 교훈을 경구로 만들어보세요. AI에게 도움을 요청할 수 있습니다. "내가 인생에서 배운 것은 '포기하지 않으면 언젠가는 길이 열린다'는 거야. 이것을 경구처럼 멋진 문장으로 만들어줘"라고 하세요.

AI가 여러 버전을 제시할 것입니다. "어둠이 가장 짙을 때 새벽이 가장 가깝다", "길이 보이지 않을 때도 걸음을 멈추지 마라. 발 아래

길이 있다", "포기는 실패의 또 다른 이름이고 끈기는 성공의 첫 번째 조건이다." 이 중 마음에 드는 것을 선택하거나 여러분 스타일로 조금 바꿔 쓰세요.

경구는 챕터 끝부분에 넣으면 효과적입니다. 이야기를 마무리하며 교훈을 전달하는 것입니다. 또는 챕터 시작 부분에 넣어 그 챕터의 주제를 암시할 수도 있습니다.

인용문도 좋습니다. 유명한 사람의 말, 속담, 시 구절 등을 적절히 인용하면 여러분의 생각을 뒷받침하고 권위를 더합니다. "공자께서 말씀하셨듯이", "속담에 이르기를" 같은 표현으로 시작할 수 있습니다. 인용문은 신중하게 사용하세요. 너무 많으면 여러분의 목소리가 묻힙니다. 정말 필요한 곳에 여러분의 생각과 잘 맞는 것만 선택하세요.

AI에게 "어려운 시기를 견디는 것에 대한 명언이나 속담을 찾아줘. 내 상황에 맞는 것으로"라고 요청할 수 있습니다. AI가 여러 인용문을 제시하면 그중 가장 적합한 것을 고르세요.

시적 표현도 고려해 보세요. 완전한 시는 아니더라도 리듬감 있고 운율이 있는 문장은 독자에게 감동을 줍니다. "새벽 4시, 어둠 속에서 일어나 / 시장으로 향하던 그 발걸음 / 무거웠지만 멈출 수 없었다. / 가족을 위해, 내일을 위해." 이런 문장은 산문과 시의 경계에 있으면서 강렬한 인상을 남깁니다.

그러나 주의하세요. 문학적 표현이 과하면 진정성이 떨어집니다. '할머니가 갑자기 시인이 되셨네?' 하고 어색해할 수 있습니다. 여러분답게, 자연스럽게, 적절한 선에서 멈추세요.

가장 좋은 방법은 소리 내어 읽어보는 것입니다. AI가 만든 문학적 표현을 입으로 읽어보세요. 자연스럽게 느껴지면 좋은 것이고 어색하면 과한 것입니다. 어색한 것은 과감히 빼거나 간단하게 바꾸세요.

문학적 표현은 양념과 같습니다. 적당히 넣으면 요리가 맛있어지지만 너무 많이 넣으면 맛을 망칩니다. 전체 글의 5~10% 정도만 문학적으로 표현하고 나머지는 담백하게 쓰는 것이 좋습니다.

AI는 문학적 표현의 보물창고입니다. 필요할 때마다 꺼내 쓰세요. 그것을 여러분의 것으로 만드는 과정을 잊지 마세요. AI가 준 표현을 그대로 쓰지 말고 여러분 스타일로 조금씩 바꾸세요. 그러면 AI의 도움을 받으면서도 여러분만의 독특한 목소리를 유지할 수 있습니다.

AI코치 - 프롬프트 예시

프롬프트: 적절한 인용문 찾기

어려운 시기를 견디며 희망을 잃지 않는 것에 대한 명언이나 속담을 찾아줘. 다음 상황에 맞는 것으로. 1970년대 가난을 극복하며 살아온 이야기, 시장 상인으로 힘들게 일하던 시절, 자녀 교육을 위해 희생하던 때, 한국 속담, 명언, 시 구절 모두 가능. 5개 정도 제안해 줘.

전문 교정 서비스 활용: 언제 전문가의 도움이 필요한가 8

AI의 도움으로 많은 것을 할 수 있습니다. 맞춤법 검사, 문장 다듬기, 톤 조절, 문학적 표현 추가. AI는 훌륭한 조수입니다. 그렇지만 AI가 모든 것을 해결할 수는 없습니다. 때로는 사람, 그것도 전문가의 도움이 필요합니다. 전문 교정자는 수년간 글을 다뤄온 사람들입니다. 책을 만드는 과정을 잘 알고 독자가 무엇을 원하는지 압니다. AI가 놓치는 미묘한 뉘앙스, 문화적 맥락, 독자 심리를 이해합니다. 언제 전문가의 도움이 필요할까요? 몇 가지 상황이 있습니다.

첫째, 출판을 고려할 때입니다. 가족에게만 나눠줄 책이라면 AI의 도움만으로도 충분합니다. 서점에 유통하거나, 불특정 다수에게 판매할 계획이라면 전문 교정이 필수입니다. 출판된 책은 공적인 것입니다. 오류가 있으면 저자의 신뢰도가 떨어집니다.

둘째, 확신이 없을 때입니다. AI가 고쳐준 것이 정말 맞는지 확신이 서지 않을 때가 있습니다. '이게 맞나?' 계속 의심이 들 때 전문가에게 확인받으면 마음이 편합니다. 전문가는 "이것은 맞고 이것은 틀렸습니다"라고 명확히 답해 줍니다.

셋째, 특별한 문체나 장르를 시도할 때입니다. 예를 들어 문학적으로 매우 세련된 글을 쓰고 싶거나 특정 장르역사서, 학술서 스타일로 쓰고 싶다면 전문가의 조언이 필요합니다. AI는 일반적인 글은 잘 다루지만 특수한 스타일은 전문가만큼 정교하지 못합니다.

넷째, 법적·윤리적 민감성이 있을 때입니다. 다른 사람에 대한 비판적 내용, 기업이나 기관에 대한 부정적 서술, 사회적으로 논쟁적인 주제를 다룰 때는 법적 문제가 생길 수 있습니다. 전문가는 "이 부분은 명예훼손 소지가 있으니 표현을 바꾸는 게 좋겠습니다"라고 조언해 줍니다.

전문 교정 서비스는 어디서 받을 수 있을까요? 여러 방법이 있습니다.

출판사의 교정 서비스: 자비출판 플랫폼들은 대부분 유료 교정 서비스를 제공합니다. 교보문고, YES24 등의 POD 서비스에서 교정을 의뢰할 수 있습니다. 비용은 페이지 수에 따라 다르지만 200페이지 기준 30만~100만 원 정도 예상하세요.

프리랜서 교정자: 온라인 플랫폼크몽, 숨고 등에서 프리랜서 교정자를 찾을 수 있습니다. 출판사보다 저렴하고 개인적으로 소통할 수 있어 좋습니다. 실력 차이가 크므로 후기를 잘 보고 선택하세요.

지역 문인협회나 작가 모임: 지역 도서관이나 문화센터에서 운영하는 작가 모임에 가입하면 서로의 글을 봐주는 경우가 많습니다. 무료이거나 저렴하고 같은 지역 어르신들이라 공감대도 높습니다. 비용을 아끼고 싶다면 AI로 먼저 최대한 다듬고 마지막에 전문가에게 검수를 받는 것이 좋습니다. 처음부터 전문가에게 맡기면 비용이 많이 들지만 AI로 80~90% 완성하고 전문가에게 최종 10~20%만 맡기면 비용을 크게 줄일 수 있습니다.

전문가의 도움을 받는 것은 부끄러운 일이 아닙니다. 베테랑 작가들도 편집자의 도움을 받습니다. 훌륭한 책은 혼자 만드는 것이 아니라 여러 사람의 협력으로 만들어집니다. 예산이 정말 부족하다면 가족 중에 글을 잘 쓰는 사람에게 부탁하세요. 자녀 중 교사나 기자, 작가가 있다면 그들에게 검토를 부탁하는 것도 좋습니다. 가족이니 무료이거나 저렴하고 여러분을 잘 아니까 더 적절한 조언을 줄 수 있습니다.

AI와 전문가, 이 둘을 적절히 조합하면 최상의 결과를 얻을 수 있습니다. AI로 빠르고 효율적으로 기본을 다지고 전문가로 마지막 완성도를 높이는 것입니다. 이것이 현명한 전략입니다.

AI코치 - 프롬프트 예시

프롬프트: AI 교정 후 체크리스트

AI로 최대한 교정을 마쳤어.

이제 전문가에게 최종 검수를 받으려고 해.

전문가에게 특히 확인받아야 할 체크리스트를 만들어줘. AI가 놓쳤을 가능성이 높은 것, 사람의 판단이 필요한 것, 법적/윤리적 검토가 필요한 것.

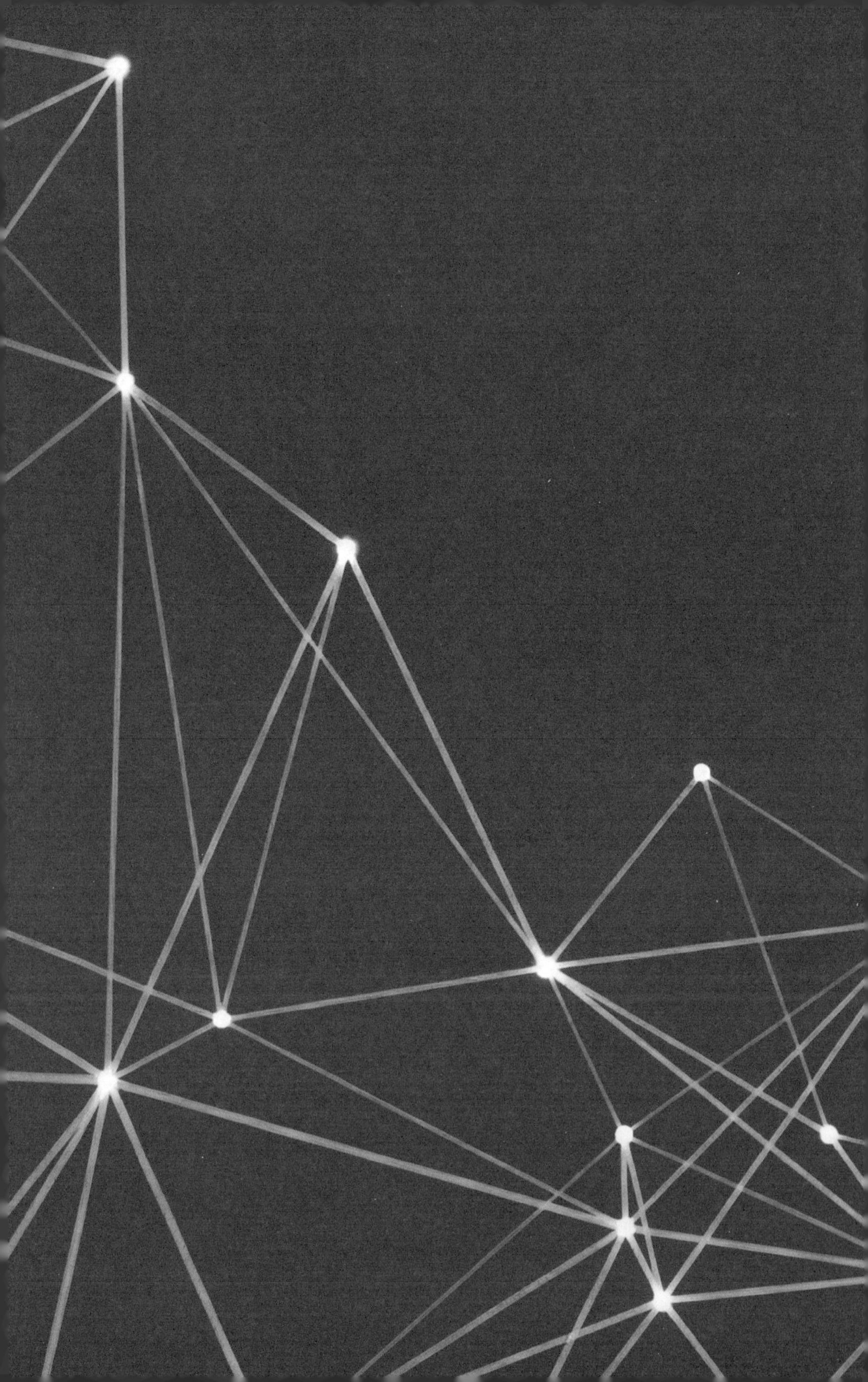

7장

Front/Back Matter

자서전의 시작과 끝을 AI와 함께 빚어내다

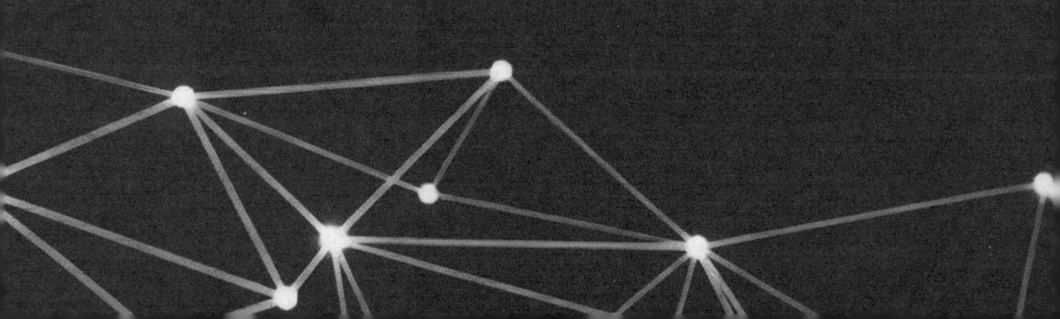

AI를 활용한 서문프롤로그 작성 1

자서전의 첫 페이지를 펼치면 서문이 나옵니다. 독자가 가장 먼저 읽는 부분입니다. 여기서 독자는 결정합니다. '이 책을 끝까지 읽을까, 말까?' 서문이 지루하면 책을 덮고 서문이 마음을 사로잡으면 다음 페이지를 넘깁니다. 그래서 서문은 중요합니다.

사실 서문 쓰기는 어렵습니다. 무엇을 써야 할까요? 어디서부터 시작해야 할까요? 200페이지를 다 쓰고 나서도 서문 앞에서 막막해집니다. '내가 왜 이 책을 썼지?', '독자에게 무슨 말을 하고 싶지?' 오히려 본문보다 서문이 더 어렵게 느껴집니다.

서문은 여러분과 독자 사이의 첫 만남입니다. 마치 처음 만난 사람에게 자기소개를 하는 것과 같습니다. 서문에 꼭 들어가야 할 것들이 있습니다.

첫째, 집필 동기입니다. 왜 이 책을 썼는지 솔직하게 말하세요. "손주들에게 남기고 싶어서", "내 삶을 정리하고 싶어서", "같은 시대를 산 사람들과 나누고 싶어서" 등 무엇이든 좋습니다. 진실하면 됩니다.

둘째, 간단한 자기소개입니다. 여러분이 누구인지, 어떤 삶을 살았는지 한두 문단으로 요약하세요. "나는 1952년 경북의 작은 마을에서 태어났습니다. 스물에 서울로 올라와 공장에서 일했고 스물둘에 결혼했습니다. 세 자녀를 키우며 시장 상인으로 50년을 살았습니다." 이 정도면 충분합니다.

셋째, 책의 내용 미리보기입니다. 이 책에 무엇이 담겨 있는지 간단히 알려주세요. "이 책에는 가난했던 어린 시절, 서울 상경 이야기, 시장에서의 50년, 자녀를 키운 이야기가 담겨 있습니다." 목차를 미리 알려주는 것입니다.

넷째, 독자에게 바라는 점입니다. 독자가 이 책을 읽고 무엇을 느꼈으면 하는지 말하세요. "손주들이 할머니를 이해하며 그 시절을 알게 되고, 어려움 앞에서도 포기하지 않는 힘을 얻었으면 좋겠습니다." 바람을 담으세요.

서문은 짧아도 됩니다. 1~2페이지면 충분합니다. 너무 길면 독자가 지칩니다. '서문은 빨리 넘기고 본문을 읽고 싶은데' 하고 느낄 수 있습니다. 간결하게 핵심만 담으세요.

서문의 톤도 중요합니다. 너무 격식 있으면 딱딱하고 너무 가벼우면 진지하지 않아 보입니다. 여러분답게 자연스럽게 쓰세요. 손주에게 말하듯, 친구에게 이야기하듯. 그것이 가장 좋은 톤입니다.

어떤 분들은 서문을 가장 마지막에 씁니다. 본문을 다 쓰고, 결론을 쓰고, 마지막에 서문을 씁니다. 그것도 좋은 방법입니다. 전체를 다 쓰고 나면 무엇을 서문에 담아야 할지 더 명확해지니까요.

서문은 약속입니다. "이 책에는 이런 이야기가 있습니다"라고 약속하는 것입니다. 그 약속을 본문에서 지켜야 합니다. 서문에서 "가난을 극복한 이야기"라고 했으면 본문에 그 이야기가 있어야 합니다. 약속을 어기면 독자가 실망합니다.

AI에게 여러 버전의 서문을 요청할 수도 있습니다. "따뜻한 톤으로 한 번, 진지한 톤으로 한 번, 유머러스한 톤으로 한 번, 세 가지 버전을 만들어줘." 세 가지를 비교해 보고 가장 마음에 드는 것을 선택하거나 세 가지를 조합하세요.

서문을 쓰는 것은 여러분의 마음을 여는 것입니다. 독자에게 마음을 열고 "이것이 나입니다. 내 이야기를 들어주세요"라고 말하는 것입니다. 용기가 필요합니다. 그 용기를 내면 독자도 마음을 열고 여러분의 이야기를 들을 것입니다.

서문은 초대장입니다. 독자를 여러분의 인생으로 초대하는 것입니다. 따뜻하고 진실성 있게 환영하는 마음으로 쓰세요. 그러면 독자는 기꺼이 여러분의 인생 여행에 동행할 것입니다.

AI코치 - 프롬프트 예시

프롬프트: 서문 초안 작성

내 자서전 서문을 써줘.

내 정보: 73세, 시장 상인으로 50년, 가난한 시골 출신, 서울 상경, 세 자녀를 대학까지 교육

집필 동기: 손주들에게 할머니 삶을 전하고 싶어. 힘들었지만 포기하지 않은 이야기, 평범한 삶도 가치 있다는 메시지

핵심 메시지: 가난은 부끄러운 게 아니다. 포기하지 않으면 길이 열린다.

톤: 따뜻하고 소박하게

분량: 1~2페이지

AI를 활용한 맺음말에필로그 작성 2

긴 이야기가 끝나갑니다. 어린 시절부터 현재까지, 70년의 여정을 함께한 독자는 이제 마지막 장을 넘깁니다. 여기서 무엇을 말할까요? 어떻게 마무리할까요? 맺음말은 작별 인사입니다. 독자와 헤어지기 전 마지막으로 나누는 대화입니다.

맺음말은 서문과 쌍을 이룹니다. 서문이 "안녕하세요, 이런 이야기를 하겠습니다"라면, 맺음말은 "이야기를 다 들어주셔서 고맙습니다. 제가 하고 싶었던 말은 이것입니다"입니다. 서문과 맺음말은 시작과 끝, 인사와 작별, 약속과 정리의 관계라고 할 수 있습니다.

맺음말은 감사의 자리이기도 합니다. 인생을 돌아보며 고마웠던 사람들을 떠올리세요. 부모님, 배우자, 자녀, 친구, 스승, 동료. "이분들이 없었다면 나는 여기까지 오지 못했을 것입니다." 감사를 표현하세요.

감사는 구체적일수록 좋습니다. "모든 분들께 감사합니다"보다

"어머니께 감사합니다. 당신의 희생이 오늘의 나를 만들었습니다. 남편에게 감사합니다. 50년을 함께 걸어주셔서. 자녀들에게 감사합니다. 너희가 있어 내가 버텼습니다." 이렇게 이름을 부르며 감사하세요.

맺음말은 미래를 향한 메시지를 담을 수도 있습니다. 손주들, 아직 태어나지 않은 증손주들에게 하고 싶은 말.

"너희가 이 글을 읽을 때 나는 이미 이 세상에 없을지도 모른다. 이 책을 통해 나는 영원히 너희와 함께할 것이다. 할머니는 너희를 사랑한다. 힘들 때 이 책을 펼쳐보아라. 할머니가 항상 응원할게."

이런 메시지는 독자의 마음을 울립니다. 시간을 초월한 사랑이 느껴지니까요.

맺음말은 현재의 삶을 보여줄 수도 있습니다.

"지금 나는 하던 일을 내려 놓고 은퇴 후의 삶을 행복하게 보내고 있습니다. 쫓기지 않고 평온한 일상 속에서 하루를 보내며 손주와 보내는 시간은 또 다른 행복입니다. 아침에 일어나면 창밖을 봅니다. 햇살이 들어오고, 새소리가 들립니다. 바쁘게 살았던 지난날과 달리 이제는 여유롭습니다. 손주가 찾아오면 함께 산책을 합니다. 작은 일상이 행복입니다."

평온한 현재를 보여주면 독자도 안심합니다. '할머니가 이제는 편안하시구나' 하고 미소 짓습니다.

맺음말의 마지막 문장은 특히 중요합니다. 책을 덮으며 독자가 마지막으로 읽는 문장이니까요. 여운이 남는 문장, 가슴에 새겨지는 문장으로 끝내세요.

"이 책을 읽어주셔서 감사합니다. 여러분의 삶에도 행복이 가득하기를 바랍니다.” 이것도 좋지만 조금 평범합니다. 더 특별하게 만들어보세요.

“70년을 살며 배웠습니다. 인생은 완벽하지 않아도 아름답다는 것을. 이 책을 덮는 여러분께도 그 아름다움이 보이기를 바랍니다.” 이렇게 끝나면 여운이 남습니다.

AI에게 마지막 문장을 여러 버전으로 만들어달라고 할 수 있습니다. “맺음말의 마지막 문장을 다섯 가지 버전으로 써줘. 여운이 남고, 감동적이며 희망적인 문장으로.” AI가 제안하면 그중 가장 마음에 드는 것을 고르거나 조합하세요.

맺음말을 쓰다가 눈물이 날 수도 있습니다. 인생을 돌아보며 지나온 시간을 정리하며, 작별을 준비하며. 그 눈물은 자연스러운 것입니다. 울어도 괜찮습니다. 그 눈물이 글에 스며들어 독자도 함께 울게 만들 것입니다.

맺음말은 1~3페이지면 충분합니다. 너무 길면 감동이 희석됩니다. 짧고 강렬하게 핵심만 담으세요. 맺음말을 쓰고 나면 자서전이 완성됩니다. 서문부터 맺음말까지, 처음부터 끝까지 하나의 완전한 이야기가 됩니다. 축하합니다. 여러분은 해냈습니다.

AI코치 - 프롬프트 예시

프롬프트: 맺음말 초안

맺음말을 써줘.

포함할 내용: 인생의 교훈 3가지, 감사한 사람들부모, 배우자, 자녀, 현재의 평온한 삶, 손주들에게 전하는 메시지, 희망적인 마무리

톤: 따뜻하고 성찰적으로

분량: 2페이지

책 제목 아이디어 도출: AI에게 키워드 기반의 매력적인 제목 추천받기 3

제목은 책의 얼굴입니다. 독자가 가장 먼저 보는 것입니다. 서점에 책이 꽂혀 있을 때, 온라인에서 검색될 때, 누군가에게 소개할 때에도 항상 제목이 먼저입니다. 좋은 제목은 호기심을 자극하고 나쁜 제목은 무시됩니다.

실상 제목 짓기는 어렵습니다. 200페이지의 이야기를 몇 단어로 압축해야 하니까요. 뭐라고 부를지 고민하다가 그냥 '내 인생 이야기'로 할까 하면서 포기하고 싶어집니다. 조금만 더 고민하면 훨씬 좋은 제목을 찾을 수 있습니다. 좋은 제목의 조건이 있습니다.

첫째, 기억하기 쉬워야 합니다. 너무 길거나 복잡하면 기억하기 어렵습니다. "한 여성 시장 상인의 50년 인생 역정과 그 의미에 대한 회고록" 이런 제목은 정확하지만 길고 어렵습니다. "시장 할머니의 50년" 이렇게 짧고 명확한 것이 좋습니다.

둘째, 내용을 암시해야 합니다. 제목만 보고 무슨 이야기인지 짐작할 수 있어야 합니다. "순자의 기억"보다는 "순자의 시장 인생 50년"이 더 명확합니다. 독자가 '아, 시장에서 일한 이야기구나' 하고 알 수 있습니다.

셋째, 감정을 담아야 합니다. 제목에서 느낌이 전달되어야 합니다. "내 인생"보다 "가난했지만 행복했던 나의 인생"이 더 감정적입니다. 독자가 '어떤 이야기일까?' 궁금해집니다.

넷째, 독특해야 합니다. 흔한 제목은 묻힙니다. "나의 자서전", "내 인생 이야기" 같은 제목은 너무 많습니다. 여러분만의 독특한 요소를 넣으세요.

AI에게 제목을 요청할 때는 키워드를 주세요. 여러분의 이야기에서 핵심 단어들을 뽑으세요. '시장', '50년', '가난', '극복', '희망', '시골', '서울', '가족', '교육'. 이런 단어들을 AI에게 주고 "이 키워드들로 책 제목을 만들어줘"라고 하세요.

AI가 여러 제목을 제안할 것입니다. "시장 좌판 50년, 한 여인의 이야기", "가난을 딛고 선 시장 할머니", "보따리 하나 들고 상경한 소녀의 50년", "시장에서 피운 꽃", "순자의 좌판 인생". 열 개, 스무 개, 서른 개. 많이 만들어달라고 하세요.

제안받은 제목들을 종이에 쓰세요. 하나하나 소리 내어 읽어보세요. 어떤 것이 가장 마음에 드나요? 어떤 것이 가장 여러분다운가요?

제목은 주제목과 부제목으로 나눌 수 있습니다. 주제목은 짧고 강렬하게, 부제목은 설명을 더하는 것입니다. "순자의 좌판주제목 - 시장 상인으로 산 50년부제목". 이렇게 하면 짧으면서도 명확합니다.

주제목에는 은유나 비유를 쓸 수도 있습니다. "시장에서 피운 꽃", "좌판 위의 인생". 시적이고 아름답습니다. 너무 추상적이면 무슨 이야기인지 모를 수 있으니, 부제목으로 명확하게 설명하세요.

숫자를 넣는 것도 효과적입니다. “50년”, “70년”, “3대”와 같은 숫자는 눈에 띕니다. “시장 인생 50년”, “3대가 함께 읽는 할머니 이야기”는 구체적이고 인상적입니다.

질문 형식도 가능합니다. “할머니는 어떻게 살았을까?”, “가난을 어떻게 극복했나?”와 같은 질문은 호기심을 자극합니다. 독자가 답을 찾고 싶어 책을 펼칩니다.

제목에 여러분의 이름을 넣을 수도 있습니다. “순자의 이야기”, “영희 할머니의 인생”은 개인적이고 친근합니다. 특히 가족에게 나눠주는 책이라면 이름이 들어가면 더 특별합니다.

제목은 여러 번 바뀔 수 있습니다. 처음에 정한 제목이 마음에 안 들면 바꾸세요. 책을 쓰는 동안에도, 다 쓰고 나서도, 심지어 출판 직전에도 바꿀 수 있습니다. 계속 고민하고 더 좋은 것을 찾으세요.

너무 오래 고민하지는 마세요. 완벽한 제목은 없습니다. 80% 만족스러우면 결정하세요. 제목에만 한 달을 쓸 수는 없습니다.

제목은 약속입니다. 독자에게 “이 책에는 이런 이야기가 있습니다”라고 약속하는 것입니다. 제목과 내용이 일치해야 합니다. 제목은 “희망의 이야기”인데 내용은 슬픈 이야기만 가득하면 독자가 실망합니다. 제목은 여러분과 평생 함께할 것입니다. 이 책이 집안의 보물이 되고 대대손손 전해질 때 제목도 함께 전해집니다. 신중하게 선택하되 여러분답게 선택하세요. 그것이 가장 좋은 제목입니다.

AI코치 – 프롬프트 예시

프롬프트: 키워드 기반 제목 생성

내 자서전 제목을 만들어줘.

핵심 키워드: 시장 상인, 50년, 가난, 극복, 시골 출신, 서울 상경, 자녀 교육, 희생, 평범한 삶, 가치

요구사항: 기억하기 쉬운 제목, 내용을 암시하는 제목, 감정이 담긴 제목, 주제목과 부제목 형식으로 10개 제안해 줘.

AI를 활용하여 자서전 요약과 소개글책날개 문구 작성

4

책을 펼치면 앞날개와 뒷날개가 있습니다. 거기에 짧은 글이 적혀 있습니다. 책 소개와 저자 소개, 추천사. 독자는 이것을 보고 '이 책을 살까 말까?' 결정합니다. 특히 서점에서 책을 둘러볼 때 날개 문구를 읽고 판단합니다.

날개 문구는 광고입니다. 여러분의 책을 홍보하는 짧은 광고입니다. 하지만 과장하면 안 됩니다. 진실해야 합니다. 진실하면서도 매력적이어야 합니다. 어려운 일입니다. 앞날개에는 저자 및 책 소개가 들어갑니다. 이 책이 무엇에 대한 책인지, 왜 읽어야 하는지, 어떤 감동을 줄 수 있는지를 100~200단어 정도로 압축해야 합니다.

"1952년 가난한 시골 마을에서 태어난 한 소녀가 있었습니다. 학교도 제대로 다니지 못했지만 꿈을 포기하지 않았습니다. 스물에 서울로 상경해 공장에서 일했고 스물둘에 결혼했습니다. 세 자녀를 키우며 시장 상인으로 50년을 살았습니다. 가난했지만 행복했고 힘들었지만 포기하지 않았습니다. 평범한 한 여성의 비범한 인생 이야기. 그 이야기가 여러분에게 용기와 희망을 전할 것입니다."

이런 식으로 쓰면 됩니다. 간결하지만 핵심을 담고 감정을 담아야 독자에게 이익을 제시합니다. "이 책을 읽으면 용기와 희망을 얻을 수 있습니다."

AI에게 요약을 요청하세요. "내 자서전 전체를 100~150단어로 요약해 줘. 독자의 관심을 끌 수 있도록 감동적이고 매력적으로." AI가 전체 원고를 분석하고 핵심을 뽑아 요약해 줍니다.

AI가 만든 요약을 읽어보세요. 대체로 좋지만 조금 딱딱하거나 평범할 수 있습니다. 여러분의 색깔을 더하세요. "세 자녀를 키우며"를 "세 자녀를 대학까지 보내며"로 바꾸면 더 구체적입니다. "50년을 살았습니다"를 "50년을 버텼습니다"로 바꾸면 더 강렬합니다.

뒤표지에는 독자 후기나 추천사를 넣을 수 있습니다. 책을 먼저 읽은 가족이나 친구의 감상을 짧게 인용하는 것입니다.

"어머니의 삶을 이제야 제대로 알게 됐습니다. 눈물을 흘리며 읽었습니다. - 큰딸 박영희"

"할머니가 이렇게 고생하셨구나. 감사하고 존경합니다. - 손자 김민준"

이런 후기는 신뢰를 줍니다. 다른 독자가 좋았다고 하니 '나도 읽어볼까?' 하는 마음이 생깁니다. 가족에게 부탁해서 짧은 감상을 받으세요. 뒤표지에는 핵심 문장을 뽑아 넣을 수도 있습니다. 책 속에서 가장 인상적인 문장, 가장 감동적인 문장을 인용하는 것입니다.

"가난은 부끄러운 것이 아니다. 포기하는 것이 부끄러운 것이다. - 본문 중에서"

이런 문장은 독자의 호기심을 자극합니다. '이 문장이 나오는 맥락이 궁금한데?' 하며 책을 펼치게 됩니다. 문구는 짧아야 합니다. 너무 길면 읽지 않습니다. 핵심만, 가장 매력적인 부분만 담으세요. 욕심내지 마세요. 모든 것을 담으려 하면 아무것도 전달되지 않습니다. 문구의 톤도 중요합니다. 책의 톤과 일치해야 합니다. 책은 따뜻하고 소박한데 문구가 거창하고 화려하면 어울리지 않습니다. 일관성을 유지하세요.

AI에게 여러 버전을 요청하세요. "감동적인 버전, 희망적인 버전, 잔잔한 버전, 세 가지로 써줘." 세 가지를 비교하고, 가장 적합한 것을 선택하세요. 온라인 서점에 올릴 상세 소개글도 필요합니다. 문구보다 길게, 500~1,000단어로 쓰는 것입니다. 여기서는 조금 더 자세히 설명할 수 있습니다.

"이 책의 저자 김순자는 1952년 경북의 작은 마을에서 태어났습니다. 전쟁이 끝난 지 얼마 안 된 시절, 가난은 일상이었습니다. 보리밥으로 끼니를 때우고 학교에 가고 싶었지만 집안 형편이 어려워 포기해야 했습니다. 하지만 순자는 꿈을 포기하지 않았습니다…"와 같이 더 풀어서 쓰는 것입니다.

AI에게 "문구를 500단어로 확장해 줘. 더 자세하고 구체적으로"라고 요청하면 됩니다.

뒤표지 문구와 소개글은 여러 사람에게 보여주고 피드백을 받으세요. "이 소개를 읽고 책을 읽고 싶어져?" 솔직한 의견을 들으세요. "음… 잘 모르겠는데"라고 하면 다시 써야 합니다. "와, 읽고 싶어!"라고 하면 성공입니다.

뒤표지 문구는 책의 첫인상입니다. 옷을 입듯이 책도 옷을 입힙니다. 아름답게, 품위 있게 쓰되 과하지 않게. 적절한 옷을 입으면 책이 더 빛납니다.

AI코치 - 프롬프트 예시

프롬프트: 핵심 문장 추출

[전체 원고 붙여넣기]

이 자서전에서 가장 인상적이고 날개 문구에 인용하기 좋은 문장 5개를 뽑아줘.

기준: 짧고 강렬한 문장, 저자의 삶의 철학이 담긴, 독자에게 울림을 주는, 독립적으로 읽어도 의미 있는

저자 소개글 작성: AI에게 전문성과 겸손함이 조화된 초안 요청

5

책 앞날개에는 저자 소개가 들어갑니다. 여러분이 누구인지, 어떤 삶을 살았는지, 왜 이 책을 쓸 자격이 있는지에 관해 짧게 소개하는 글입니다. 저자 소개는 두 가지를 균형 있게 담아야 합니다. 전문성과 겸손함입니다. "나는 이 분야의 전문가입니다"라고 말하되 "하지만 여전히 배우는 중입니다"라는 겸손도 보여야 합니다. 너무 자랑스럽게 쓰면 거만해 보이고 너무 겸손하면 왜 이 책을 쓸 자격이 있는지 의문이 듭니다.

자서전 저자 소개는 이력서와 다릅니다. 모든 것을 나열할 필요는 없습니다. 이 책과 관련된 것, 독자가 알아야 할 것만 담으세요.

"김순자는 1952년 경북에서 태어났다. 1972년 서울로 상경해 공장 노동자로 일했고 1975년부터 2025년까지 50년간 시장 상인으로 살았다. 세 자녀를 대학까지 교육시켰으며 현재 다섯 손주와 함께 서울에서 살고 있다. 이 책은 그의 첫 저서이다."

이 정도면 충분합니다. 간결하고 핵심적이며 관련성도 있습니다.

AI에게 저자 소개를 요청하세요. "내 저자 소개를 써줘. 100단어 정도로, 전문성과 겸손함이 조화되게." 여러분의 정보를 주면 AI가 작성합니다. AI가 쓴 것을 그대로 쓰지 마세요. 형식적이고 딱딱할 수 있습니다. 여러분의 목소리를 더하세요. "첫 저서이다"를 "평생 글을 쓰지 않았지만, 손주들에게 남기고 싶어 용기 내어 펜을 들었다"로 바꾸면 더 인간적입니다.

저자 소개에 사진을 넣는 것도 좋습니다. 최근 사진, 자연스러운 미소를 짓고 있는 사진. 독자가 저자를 보면 친근감을 느낍니다. 너무 격식 있는 증명사진보다는 편안한 일상 사진이 좋습니다.

저자 소개는 1인칭으로 쓸 수도, 3인칭으로 쓸 수도 있습니다. 1인칭은 "나는…"으로 시작하고 3인칭은 "김순자는…"으로 시작합니다. 3인칭이 조금 더 격식 있고 1인칭이 조금 더 친근합니다. 여러분의 책 톤에 맞게 선택하세요.

저자 소개에는 현재 하는 일도 넣을 수 있습니다. "현재 은퇴 후 손주 돌보기와 텃밭 가꾸기를 즐기고 있다." "현재 지역 노인 복지관에서 봉사 활동을 하고 있다." 이런 정보는 저자를 입체적으로 보여줍니다.

수상 경력이나 특별한 경험도 넣을 수 있습니다. "2015년 지역 모범 상인상을 받았다." "2020년 시장 상인회 회장을 역임했다." 하지만 과장하지 마세요. 없는 것을 만들지 마세요.

저자 소개 끝에 연락처를 넣을 수도 있습니다. 이메일, 블로그, SNS. "독자들의 의견을 환영합니다. abcd@email.com" 이렇게 쓰면 독자와 소통할 수 있습니다. 만약 프라이버시가 걱정되면 넣지 않아도 됩니다.

저자 소개는 너무 길면 안 됩니다. 100~200단어가 적당합니다. 독자는 저자보다 책 내용에 더 관심이 있습니다. 간결하게 필요한 것만 담으세요. 저자 소개를 쓰는 것은 자신을 객관적으로 보는 연습입니다. '나는 누구인가?', '내 인생에서 가장 중요한 것은 무엇인가?'를 되돌아보는 시간입니다. 그 성찰이 글에 담기면 독자도 여러분을 더 깊이 이해하게 됩니다.

AI코치 – 프롬프트 예시

프롬프트: 저자 소개 초안

저자 소개를 써줘.

내 정보:

이름: 김순자, 출생: 1952년 경북, 경력: 공장 노동자1972~1975, 시장 상인1975~2025, 가족: 세 자녀, 다섯 손주, 특이사항: 평생 글을 쓰지 않았으나 손주를 위해 쓴 첫 책

요구사항:

100~150단어, 3인칭으로김순자는…, 전문성과 겸손함 조화, 따뜻하고 인간적으로

감사의 글 작성:
인생의 조력자들을 기억하는 방법 6

자서전의 마지막 페이지, 에필로그 다음에는 감사의 글이 옵니다. 인생을 함께한 사람들, 도움을 준 사람들, 영향을 준 사람들에게 감사를 표하는 공간입니다. 혼자 사는 사람은 없습니다. 누군가의 도움으로 여기까지 왔습니다. 부모님, 배우자, 자녀, 형제자매, 친구, 스승, 동료… 셀 수 없이 많은 사람들이 여러분의 인생에 함께했습니다. 이제 그들에게 고마움을 전할 시간입니다.

감사의 글은 진심을 담아야 합니다. 형식적인 "모든 분들께 감사드립니다"보다는 구체적으로 이름을 부르며 감사하는 것이 좋습니다. "먼저 돌아가신 부모님께 감사드립니다. 어머니, 당신의 희생이 없었다면 오늘의 제가 없었을 것입니다. 거친 손으로 저를 키워주셨습니다. 아버지, 말씀은 적으셨지만 당신의 묵묵한 사랑을 압니다."

이렇게 구체적이며 개인적으로 감사를 표현하세요. 감사의 글은 순서가 있습니다. 일반적으로 부모님, 배우자, 자녀, 형제자매, 친구,

스승, 동료 순입니다. 하지만 꼭 이 순서를 지킬 필요는 없습니다. 여러분에게 의미 있는 순서로 쓰세요.

감사의 글에는 책 쓰기를 도와준 사람들도 포함할 수 있습니다. "이 책을 쓰는 동안 많은 도움을 받았습니다. 원고를 읽고 조언해 준 큰딸 영희, 사진을 정리해 준 둘째 아들 민수, 컴퓨터 작업을 도와준 손자 준호. 여러분 덕분에 이 책이 완성됐습니다."

감사의 글은 1~2페이지가 적당합니다. 너무 짧으면 형식적으로 보이고 너무 길면 지루합니다. 진심을 담되 간결하게 쓰세요. AI에게 감사의 글 구조를 요청할 수 있습니다. "감사의 글을 써줘. 부모님, 배우자, 자녀, 친구, 독자에게 감사하는 내용으로." AI가 기본 틀을 만들어주면, 여러분이 구체적인 이름과 에피소드를 채워 넣으세요.

감사의 글에서 잊지 말아야 할 사람이 있습니다. 겉으로 드러나지 않았지만 중요한 역할을 한 사람들입니다. 동네 이웃, 단골 손님, 시장 동료, 자녀 친구의 부모. "이름도 기억나지 않는 수많은 분들께도 감사드립니다. 시장에서 만난 모든 손님들, 웃으며 인사해 주신 이웃들, 작은 친절을 베풀어주신 모든 분들."

감사의 글을 쓰고 나면 마음이 따뜻해집니다. 원망하고 섭섭했던 기억도 감사로 바뀝니다. '그때는 힘들었지만 덕분에 성장했구나' 하고 깨닫습니다. 감사의 글은 여러분 자신을 치유하는 시간이기도 합니다.

감사의 글은 부채 의식이 아닙니다. '빚을 갚아야 해'가 아니라 '마음을 전하고 싶어'입니다. 가볍고 따뜻한 마음으로 쓰세요. 그러면 받는 사람도 기쁘게 받을 것입니다. 감사의 글로 책을 마무리하면 온기가 남습니다. 독자는 책을 덮으며 '따뜻한 사람이구나', '감사할 줄 아는 사람이구나' 하고 느낍니다. 그것이 여러분에 대한 마지막 인상이 됩니다. 아름답게 끝내세요.

AI코치 - 프롬프트 예시

프롬프트 : 감사의 글 구조

감사의 글을 써줘.

감사할 사람들: 돌아가신 부모님, 남편50년 함께, 세 자녀대학까지 교육, 시장 동료들, 이 책을 쓰는 동안 도와준 큰딸, 독자들

요구사항: 각 대상에게 구체적으로, 왜 감사한지 이유 포함, 따뜻하고 진심 어린 톤, 1~2페이지 분량

AI로 뚝딱
자서전 쓰기 도전

8장

·

Publication Strategy

AI 기반 출판 전략과 계약 실무

AI에게 출판 시장과 경쟁 도서 분석 정보 요청 시니어 자서전 특화 1

자서전을 완성했습니다. 이제 세상에 내보낼 차례입니다. 어떻게 해야 할까요? 출판 시장은 어떤가요? 다른 사람들은 어떻게 했나요? 내 책이 팔릴까요? 궁금한 것이 많습니다.

먼저 시장을 이해해야 합니다. 출판 시장, 특히 시니어 자서전 시장이 어떤 상황인지 알아야 현명한 결정을 내릴 수 있습니다. 사실 혼자 조사하기는 어렵습니다. 어디서부터 시작해야 할지 모릅니다. 여기서 AI가 도움이 됩니다.

AI에게 시장 조사를 요청하세요. "한국의 시니어 자서전 출판 시장에 대해 알려줘. 최근 트렌드, 인기 있는 종류, 평균 판매 부수, 주요 독자층을 조사해 줘." AI가 인터넷을 검색하고 정보를 모아줍니다.

AI가 알려주는 정보는 대략적입니다. 정확한 통계라기보다는 경향성을 보여줍니다. 그것만으로도 충분히 유용합니다. '아, 요즘은 이런 식으로 출판하는구나', '다른 분들도 비슷한 고민을 하시는구나'

하고 이해하게 됩니다. AI는 최근 출판된 시니어 자서전 사례를 찾아 줄 수도 있습니다. "최근 3년간 출판된 70대 이상 저자의 자서전을 찾아줘. 제목, 출판사, 간단한 소개와 함께." AI가 여러 사례를 제시하면, 그것을 참고하세요.

다른 책들을 보면 배울 것이 많습니다. 제목은 어떻게 지었나, 표지는 어떤 느낌인가, 분량은 얼마나 되나, 가격은 어떻게 책정했나. 이런 것들을 관찰하며 여러분의 책에 적용할 점을 찾으세요.

그렇다고 단순히 따라 하지는 마세요. 다른 책들은 참고자료일 뿐입니다. 여러분의 책은 여러분만의 독특함이 있어야 합니다. '다른 책들은 이렇게 하는구나. 나는 조금 다르게 해볼까?' 이런 생각이 필요합니다. AI에게 경쟁 도서 분석도 요청할 수 있습니다. "내 책과 비슷한 주제의 책들을 찾아줘. 시장 상인, 가난 극복, 1950년대생 자서전 같은 키워드로." AI가 유사한 책들을 찾아주면 그것들의 강점과 약점을 분석하세요.

"이 책은 제목이 좋네", "저 책은 사진이 많아서 보기 좋네", "이 책은 너무 길어서 지루할 것 같아"처럼 이렇게 분석하다 보면 여러분의 책을 어떻게 만들어야 할지 아이디어가 생깁니다.

시장 조사를 하다 보면 현실을 직시하게 됩니다. 자서전, 특히 일반인의 자서전은 베스트셀러가 되기 어렵습니다. 유명인이 아닌 이상, 수백 부 팔기도 쉽지 않습니다. 낙담하지는 마세요. 여러분의 목표가 베스트셀러가 되는 것이 아니라면 괜찮습니다.

가족에게 나눠주고, 몇몇 친구들과 나누고, 지역 도서관에 기증하는 것. 그것만으로도 충분히 의미 있습니다. 판매 부수가 적어도 여러분의 이야기는 영원히 남습니다.

AI에게 "시니어 자서전의 성공 사례를 찾아줘"라고 요청할 수도 있습니다. 평범한 사람의 자서전이 주목받은 경우 어떤 요소가 성공을 이끌었는지 분석해 줍니다. "진정성", "독특한 경험", "시대상 반영", "따뜻한 메시지"와 같은 요소들이 반복적으로 나타납니다.

시장 조사는 한 번으로 끝나지 않습니다. 출판 방식을 정하기 전에도, 출판사를 선택하기 전에도, 가격을 정하기 전에도 계속 조사하세요. 시장은 계속 변하니까요. 현실적인 기대를 갖는 것이 중요합니다. 환상을 갖고 시작하면 실망이 큽니다. 현실을 알고 시작하다면 작은 성취에도 만족할 수 있습니다.

시장 조사는 지루할 수 있습니다. 숫자와 데이터, 차트와 그래프. 이것이 여러분의 책을 성공적으로 세상에 내보내는 첫걸음입니다. 조금만 참고해 보세요. 그 노력이 나중에 빛을 발할 것입니다.

AI코치 – 프롬프트 예시

프롬프트 : 경쟁 도서 분석

내 책과 비슷한 책 5권을 찾아서 제목과 저자, 출판사와 출판 연도, 간단한 내용 소개, 특징강점/약점, 가격과 분량, 비교 분석해 줘.

출판 방법 선택: 기획 출판, 자비 출판, POD 방식 출판의 장단점 분석

2

시장 조사를 마쳤습니다. 이제 출판 방식을 선택해야 합니다. 크게 세 가지 방법이 있습니다. 기획 출판, 자비 출판, POD 출판입니다. 각각 장단점이 다릅니다. 여러분의 상황과 목표에 맞는 것을 선택해야 합니다.

기획 출판은 출판사가 여러분의 원고를 선택해서 출판하는 것입니다. 출판사가 모든 비용을 부담하고 편집, 디자인, 인쇄, 유통, 마케팅까지 다 해줍니다. 저자는 인세를 받습니다. 이상적으로 들리지만, 아쉽게도 현실은 다릅니다.

일반인의 자서전을 기획 출판하는 출판사는 거의 없습니다. 출판사는 이익을 내야 하는데 무명 저자의 자서전은 많이 팔리지 않으니까요. 유명인, 전문가, 특별한 경험을 가진 사람이 아니면 어렵습니다.

그래도 도전해 보고 싶다면 출판사에 원고를 보내보세요. 거절당

할 확률이 높지만 혹시 모릅니다. 운이 좋으면 관심을 보이는 출판사가 있을 수 있습니다. 기대는 낮게 하세요.

자비 출판은 저자가 비용을 모두 부담하고 출판하는 것입니다. 전통적인 방식은 여러분이 직접 편집과 디자인 작업을 하는 것입니다. 워드와 그래픽 프로그램을 이용하여 본인이 직접 본문 조판과 표지 디자인 작업을 할 수도 있습니다. 이런 프로그램 다루는 데 익숙하지 않거나 좀 더 좋은 퀄리티를 원한다면 전문가에게 작업을 의뢰하면 됩니다.

본문 편집과 디자인 작업을 모두 마치면 인쇄소에 가서 원하는 부수만큼 인쇄하고 직접 배포합니다. 따라서 저자에게 완전한 통제권이 있습니다. 제목, 표지, 내용, 분량, 모든 것을 저자인 여러분이 결정합니다. 가격은 출판사나 책의 부수, 부피, 컬러, 표지 등에 따라 달라지지만 적게는 300만 원에서 1,000만 원이 소요됩니다. 또한 직접 해야 할 일이 많습니다.

인쇄소 찾기, 견적 받기, 표지 디자인, 편집, 교정. 출판사가 해주는 일을 다 스스로 해야 합니다. 시간과 노력이 많이 듭니다. 그래서 이런 일을 대신해 주는 자비출판 전문 출판사들도 있습니다. 이들 업체를 이용하면 여러분이 해야 할 복잡한 일들을 크게 줄일 수 있습니다.

PODPrint On Demand 출판은 주문형 인쇄 방식입니다. 원래 POD라는 용어는 소량인쇄 방식을 의미하지만 여기에서는 이 장비를 이용한 서비스 플랫폼을 말합니다. 이 방식은 주문이 들어올 때마다 필요한 수량만큼만 인쇄하는 것입니다.

POD 출판 서비스의 장점은 초기 비용이 적게 든다는 것입니다.

미리 인쇄할 필요가 없으니 인쇄비가 많이 들지 않습니다. 재고 부담도 없습니다. 필요할 때마다 필요한 수량만 주문하면 됩니다. 단 한 권도 가능합니다. 또한 온라인 서점에 등록되므로 누구나 검색하고 구매할 수 있습니다. ISBN도 자동으로 받을 수 있습니다. 전국 유통이 가능합니다.

단점은 권당 가격이 비싸다는 것입니다. 200페이지 책 한 권이 15,000~25,000원 정도 합니다. 대량 인쇄보다 훨씬 비쌉니다. 50부를 주문하면 75만~125만 원입니다. 또한 플랫폼 수수료가 붙습니다. 판매가의 30~40%를 플랫폼에 주어야 합니다. 15,000원에 팔면 4,500~6,000원은 플랫폼이 가져갑니다.

또한 판매가의 20% 정도만을 저자가 가져갑니다. 처음 제작 시 플랫폼 업체에 따라 다르지만 초기 일정 수량을 인수해야 하는 조건이나 편집과 디자인 비용 등 일정 비용을 부담해야 할 수도 있습니다.

어떤 방식을 선택할까요? 여러분의 목표에 달려 있습니다.

가족에게만 나눠줄 경우에는 자비 출판을 추천합니다. 100~300부 인쇄하면 됩니다. 비용도 적당하고 직접 전달할 수 있어 의미가 큽니다. 장기적으로 필요할 때마다 주문하고 싶은 경우 POD를 추천합니다. 처음에 10부만 주문하고 나중에 손주가 태어나면 또 주문할 수 있어서 유연합니다. 불특정 다수와 나누고 싶은 경우에도 POD를 추천합니다. 온라인 서점에서 누구나 구매할 수 있으니까요.

베스트셀러를 꿈꾸는 경우에는 솔직히 말하면 현실적으로 어렵습니다. 도전하고 싶다면 기획 출판을 시도해 보세요. 여러 출판사에 원고를 보내보세요. 두 가지 방식을 병행할 수도 있습니다. 자비 출판으로 50부를 인쇄해서 가족과 친구들에게 나눠주고, 동시에 POD

로도 등록해서 원하는 사람은 구매할 수 있게 하는 것입니다.

출판 방식은 나중에 바꿀 수도 있습니다. 처음에 자비 출판으로 시작했다가 나중에 POD로 전환할 수도 있습니다. 완전히 새로 시작하는 것은 아니니 부담 갖지 마세요. 출판 방식을 정했으면 다음 단계로 넘어갑니다. 비용 계획, 출판사 선정, 계약. 하나씩 차근차근 진행하세요. 서두르지 마세요. 평생 남을 책이니 신중하게 결정하세요.

출판 비용 현실 체크: 항목별 예산 가이드와 숨은 비용

3

출판 방식을 정했습니다. 이제 돈 이야기를 해야 합니다. 출판에는 얼마나 드는가? 어디에 돈이 드는가? 숨은 비용은 없는가? 현실을 직시해야 합니다.

출판 비용은 방식에 따라 천차만별입니다. 기획 출판은 저자가 돈을 내지 않지만 자비 출판은 수백만 원이 들 수 있습니다. 하나하나 뜯어보겠습니다.

편집 비용입니다. 원고를 다듬고, 교정하고 레이아웃을 만드는 일입니다. 전문가에게 맡기면 200페이지 기준 50만~150만 원입니다. 비싸지만 필요한 비용입니다. 아마추어가 만든 책과 전문가가 만든 책은 품질이 다릅니다.

예산이 부족하면 직접 할 수도 있습니다. AI와 무료 도구한글, MS Word를 활용하면 어느 정도 가능합니다. 완벽하지는 않아도 읽을 만한 수준으로는 만들 수 있습니다.

표지 디자인 비용입니다. 표지는 책의 얼굴입니다. 전문 디자이너에게 맡기면 30만~100만 원입니다. 온라인 플랫폼크몽, 숨고에서 프리랜서를 찾으면 10만~30만 원에 가능합니다.

직접 만들 수도 있습니다. Canva, 미리캔버스 같은 무료 도구를 쓰면 됩니다. 전문가 수준은 아니지만 괜찮은 표지를 만들 수 있습니다.

인쇄 비용입니다. 자비 출판의 가장 큰 비용입니다. 다음은 200페이지 풀컬러 기준 비용입니다.

- 30부: 약 60만~90만 원권당 2만~3만 원
- 50부: 약 80만~120만 원권당 1.6만~2.4만 원
- 100부: 약 150만~250만 원권당 1.5만~2.5만 원

부수가 많을수록 권당 가격이 내려갑니다. 그러나 쓰지 않을 책을 많이 찍는 것은 낭비입니다. 필요한 만큼만 인쇄하세요.

흑백 인쇄는 훨씬 저렴합니다. 풀컬러의 절반 정도입니다. 사진이 많지 않다면 흑백을 고려하세요.

ISBN 및 등록 비용입니다. ISBN은 책의 고유번호입니다. 서점에 유통하려면 필요합니다. 국립중앙도서관에 신청하면 무료입니다. 하지만 납본도서관에 책 기증 의무가 있습니다.

POD 플랫폼을 이용하면 ISBN을 자동으로 받을 수 있습니다. 별도 비용 없습니다.

배송 비용도 있습니다. 인쇄소에서 집까지 배송하는 비용입니다. 보통 무료이거나 몇만 원 정도입니다. 50부를 여러 곳으로 나눠 보내려면 배송비가 쌓입니다. 직접 전달하는 것이 경제적입니다.

숨은 비용도 있습니다. 처음에 생각하지 못했던 비용들입니다. 수

정 비용입니다. 인쇄 후 오류를 발견하면 다시 인쇄해야 합니다. 추가 비용이 듭니다. 그래서 샘플 인쇄가 중요합니다. 본격 인쇄 전에 샘플로 확인하세요.

POD는 다릅니다. 본인이 직접 편집을 한다면 초기 비용은 거의 없지만 권당 비용이 비쌉니다. 일반 출판사의 경우 저자한테는 '저자 단가'라는 조건이 있어서 저자가 구매할 때는 대개 정가의 70% 선에서 다량으로 구매하는 게 일반적입니다.

POD의 경우는 저자 단가가 없기 때문에 구매 시 정가를 주고 구입을 해야만 합니다. 한 권에 15,000~25,000원. 50권을 주문하면 75만~125만 원입니다. 예산을 세울 때 여유를 두세요. 계획한 것보다 10~20% 더 들 수 있습니다. 200만 원 예산이면 실제로는 220만~240만 원 들 수 있습니다.

비용을 아끼는 방법도 있습니다. 사진을 줄이면 인쇄비가 줄어듭니다. 흑백 인쇄를 선택하면 60~70% 선으로 줄어듭니다. 분량을 줄이면 당연히 저렴해집니다. 하지만 무조건 아끼려고 하지는 마세요. 평생 한 번 만드는 책입니다.

출판사 선정 기준:
평판 조사, 계약 조건, 사후 서비스 비교 4

출판 방식과 예산을 정했습니다. 자비 출판이든 POD든 어딘가에 맡겨야 합니다. 인쇄소든, POD 플랫폼이든, 출판 대행사든. 어디를 선택할까요? 신중해야 합니다. 잘못 선택하면 돈과 시간을 낭비할 수 있습니다.

출판사나 인쇄소를 선택할 때 확인해야 할 것들이 있습니다. 첫째, 평판입니다. 이 회사가 신뢰할 만한가? 다른 고객들의 경험은 어땠나? 인터넷에서 후기를 찾아보세요.

네이버에 'OO출판사 후기', 'OO인쇄소 평가' 이렇게 검색하세요. 블로그, 카페, 리뷰 사이트에서 실제 경험담을 읽으세요. 긍정적 후기가 많은가? 부정적 후기는 어떤 내용인가?

부정적 후기가 하나 둘 있는 것은 자연스럽습니다. 모든 고객을 만족시킬 수는 없으니까요. 같은 문제가 반복적으로 나타나면 위험 신호입니다. "납기를 안 지킨다", "품질이 나쁘다", "연락이 안 된다"와 같은 후기가 많으면 피하세요.

둘째, 계약 조건입니다. 계약서를 꼼꼼히 읽으세요. 비용, 일정, 저작권, 책임 소재 등 모든 것이 명확히 적혀 있어야 합니다.

특히 추가 비용을 확인하세요. 견적에는 100만 원이라고 했는데 나중에 "이것은 추가 비용입니다"라며 50만 원을 더 요구하는 경우가 있습니다. 계약서에 "추가 비용 없음" 또는 "모든 비용 포함"이라고 명시되어 있는지 확인하세요.

납기도 중요합니다. 언제까지 완성되는가? 계약서에 명확한 날짜가 있어야 합니다. "2~3주 소요"보다는 "2025년 2월 15일까지 완성"이 명확합니다. 납기를 못 지키면 어떻게 되나요? 위약금이 있나요? 이것도 확인하세요.

저작권은 반드시 확인하세요. 책의 저작권은 모두 저자에게 있어야 합니다. 어떤 출판사는 일부 권리를 가져가려고 합니다. 출판권은 계약기간 동안 저자가 출판사에 복제 및 배포할 수 있는 권리를 허락하는 것이며, 계약 기간이 종료되면 출판권도 당연히 해지되는 것입니다. 저작권은 타협할 수 없습니다.

셋째, 사후 서비스입니다. 책을 받은 후 문제가 생기면 어떻게 하나요? 인쇄 오류, 제본 불량, 페이지 누락 등의 문제를 무료로 해결해 주나요? 아니면 추가 비용을 내야 하나요?

일반적으로 인쇄소나 출판사의 잘못이면 무료로 재인쇄해 줍니다. 저자의 원고 오류라면 비용을 내야 합니다. 이것을 명확히 구분하세요.

샘플 제공 여부도 확인하세요. 본격 인쇄 전에 샘플을 먼저 볼 수 있나요? 샘플을 보고 수정할 기회가 있나요? 이것은 매우 중요합니다. 샘플 없이 바로 100부를 찍었는데 오류가 있으면 재앙입니다.

넷째, 소통입니다. 담당자와 소통이 잘 되나요? 질문에 빨리 답하나요? 친절한가요? 처음 상담할 때 느낌이 중요합니다. '이 사람과 일하기 불편할 것 같다'는 느낌이 들면 다른 곳을 찾으세요. 몇 달간 함께 일해야 하는 사람입니다.

전화나 이메일 응답 속도를 체크하세요. 질문을 보냈는데 3일이 지나도 답이 없으면? 이런 회사는 문제가 생겼을 때도 답이 없을 것입니다.

다섯째, 가격입니다. 당연히 중요하지만 가장 싼 곳이 최선은 아닙니다. 너무 싸면 의심하세요. '왜 이렇게 싼가? 품질이 나쁜가? 숨은 비용이 있나?' 적정 가격을 지불하는 것이 안전합니다.

3~5곳에서 견적을 받아 비교하세요. 평균적인 가격대를 파악하세요. 평균보다 너무 싸거나 너무 비싼 곳은 조심하세요.

여섯째, 계약 해지 조건입니다. 중간에 일이 잘못되면 계약을 해지할 수 있나요? 그때 돈은 어떻게 되나요? 이미 낸 돈은 돌려받을 수 있나요? 아니면 위약금을 내야 하나요? 계약서에 해지 조건이 명확히 적혀 있어야 합니다. 애매하면 계약 전에 물어보세요.

POD 플랫폼을 선택할 때도 비슷합니다. 교보문고, YES24, 알라딘, 부크크 등 여러 플랫폼이 있습니다. 각각 수수료, 인쇄 품질, 사용자 인터페이스가 다릅니다. 여러 곳을 둘러보고 비교하세요.

출판사 선정은 결혼 상대 고르기와 비슷합니다. 몇 달간 함께 일할 파트너입니다. 신중하게 선택하세요. 서두르지 마세요. 여러 곳을 만나보고 비교하며 고민하세요. 그래야 후회하지 않습니다.

AI코치 - 프롬프트 예시

프롬프트: 계약서 체크 포인트

출판 계약서에서 반드시 확인해야 할 핵심 조항을 알려줘. 비용 관련 조항추가 비용, 지불 일정, 일정 관련 조항납기, 지연 시 처리, 저작권 관련 조항권리 소재, 책임 소재오류 발생 시, 계약 해지 조건, 기타 주의사항. 시니어가 불리한 조항이 있는지, 어떤 표현을 조심해야 하는지 알려줘.

효율적으로 일하기 위해 스마트 워킹을 하는 출판사 선택 5

2020년 벽두를 강타한 코로나19 사태로 많은 회사가 재택근무를 선택했습니다. 이미 많은 회사가 '스마트 워킹'를 통해 출퇴근을 중요하게 생각하지 않고 있으며 심지어 직원들의 지정석조차 없는 디지털 워크플레이스Digital workplace 근무환경을 제공하면서도 높은 생산성을 유지하고 있습니다.

출판사 업무는 재택근무를 통한 스마트 워킹이 가장 잘 어울리는 업무입니다. 어디서 작업을 하든 원고교정, 교열, 디자인 작업 등은 실시간으로 확인이 되는 업무이기 때문입니다. 구글 드라이브에서 공유시스템을 통해 공동작업을 하다 보면 누가 작업장에 들어와서 무슨 작업을 하고 있는지가 한눈에 다 보이기 때문에 게으름을 부릴 수가 없습니다.

오히려 출퇴근 시간을 줄일 수 있어 상대적으로 피로감을 덜 수 있고 일의 능률은 배가 됩니다. 비싼 돈을 들이지 않고 스마트폰을 활용해서 단기간 내에 스마트 워킹을 가능하게 함으로써 재택근무, 유연근무 등을 즉시 시행할 수 있어 직원들의 업무 몰입도 향상과 함께 사무생산성을 더욱 크게 향상할 수 있습니다.

더구나 AI 그리고 GPT 출현으로 출판계에 불어오는 디지털화 바람이 큰 영향을 미치고 있습니다. 디지털 출판은 종이 출판에 비해 출판 속도가 빠릅니다. 저자는 컴퓨터를 이용하여 원고를 작성하고 즉시 출판할 수 있습니다. 국내에서는 '브런치'라는 플랫폼이 있습니다. 브런치는 작가가 자신이 쓴 글을 자유롭게 업로드할 수 있는 플랫폼입니다. 작가가 브런치에 글을 올리면 출판사들이 이를 검토하고 출판 계약을 체결할 수 있습니다.

AI가 만든 콘텐츠의 저작권 문제가 발생할 수 있습니다. 대응책으로는 AI가 만든 콘텐츠의 저작권 보호를 위한 법적 제도를 마련하고 출판사들은 AI 기술을 활용하면서도 저작권을 보호할 수 있는 방안을 모색해야 합니다. 예를 들어 AI가 만든 콘텐츠를 출판할 때는 해당 콘텐츠가 인간의 저작물과 구분될 수 있도록 표시해야 합니다. 또한 AI가 만든 콘텐츠를 이용할 때는 저작권자의 동의를 받아야 합니다.

출판 산업의 일자리가 변화할 수 있습니다. 종이 출판 분야에서는 인쇄 및 제본 등의 작업이 필요하지만 디지털 출판 분야에서는 이러한 작업이 필요하지 않습니다. 출판사들은 새로운 일자리 창출과 기존 직원들의 재교육 등을 통해 일자리 변화에 대응해야 합니다. 예를 들어 디지털 출판 분야에서는 디자인, 마케팅, 데이터 분석 등의 분야에서 새로운 일자리가 창출될 수 있습니다. 기존 직원들은 디지털 출판에 대한 교육을 받아 새로운 역량을 갖추어야 합니다.

출판 계약서 검토: AI에게 주요 용어와 불리한 조항 해석 요청 6

출판사를 정했습니다. 이제 계약서를 받았습니다. 두꺼운 서류 뭉치. "갑", "을", "지적재산권", "불가항력" 등 법률 용어가 가득합니다. 무슨 말인지 모르겠습니다. 그냥 서명해도 될까요? 절대 안 됩니다.

계약서는 법적 구속력이 있는 문서입니다. 한번 서명하면 그대로 지켜야 합니다. 나중에 "몰랐어요"라고 해도 소용없습니다. 그래서 계약서를 꼼꼼히 읽어야 합니다. 법률 용어는 어렵습니다. 70 평생 계약서를 많이 본 적이 없으면 더욱 어렵습니다. 여기서 AI가 도움이 됩니다. AI는 법률 문서를 읽고 해석하는 데 능숙합니다.

계약서 전체를 AI에게 보여주세요. 사진을 찍어서 올리거나 텍스트를 복사해서 붙여 넣으세요. 그리고 "이 계약서를 분석해 줘. 주요 내용을 쉬운 말로 설명해 줘"라고 요청하세요. AI가 계약서를 읽고 요약해 줍니다. "이 계약서는 출판 서비스 계약입니다. 주요 내용은: 1) 저자가 150만 원을 지불합니다. 2) 출판사는 100부를 인쇄합니다. 3) 납기는 계약 후 4주입니다⋯." 이렇게 핵심을 정리해 줍니다.

특히 불리한 조항을 찾아달라고 하세요. "이 계약서에서 저자에게 불리한 조항이 있는지 찾아줘. 주의해야 할 부분을 알려줘."

AI가 분석해서 알려줍니다. "제5조에 '저작권의 일부는 출판사에 귀속된다'는 조항이 있습니다. 출판사에서 별도로 제작한 삽화나 사진 같은 것이 포함된 경우가 아니라면 이것은 저자에게 불리합니다. 저작권은 모두 저자에게 있어야 합니다." 이런 식으로 위험 신호를 보내줍니다. AI가 지적한 조항을 다시 읽어보세요. 정말 문제가 있나요? 있다면 출판사에 수정을 요청하세요. "이 조항은 받아들일 수 없습니다. 저작권은 모두 제게 있어야 합니다." 당당하게 말하세요.

출판사가 "업계 관행입니다", "모두 이렇게 합니다"라고 할 수 있습니다. 흔들리지 마세요. 관행이라고 해서 정당한 것은 아닙니다. 여러분의 권리를 지키세요.

핵심 조항을 확인하세요.

비용 조항: 총 금액, 지불 일정, 추가 비용 가능성. 애매한 표현이 없는지 확인하세요. "기타 비용이 발생할 수 있습니다"라는 문구는 위험합니다. "모든 비용 포함"이 명확합니다.

저작권 조항: 저작권은 전적으로 저자에게. 출판권, 2차 저작권, 번역권, 모든 권리가 저자에게 있어야 합니다. 저자가 계약기간 동안 출판권을 허락해 주는 것이지, 완전히 넘겨주는 것이 아니라는 것입니다.

납기 조항: 구체적인 날짜. "2~3주"가 아니라 "2025년 3월 15일까지". 지연 시 처리 방법도 명시되어야 합니다.

품질 조항: 인쇄 품질, 제본 방식, 종이 종류. 구체적으로 명시되어야 합니다. "고급 용지"는 애매합니다. "120g 아트지"가 명확합니다.

하자 보수 조항: 인쇄 오류나 제본 불량 시 무료로 재작업해 주는지. 기한은 얼마나 되는지.

계약 해지 조항: 어떤 경우에 계약을 해지할 수 있는지. 해지 시 환불은 어떻게 되는지.

AI에게 각 조항을 하나씩 해석해 달라고 할 수 있습니다. "제3조를 해석해 줘. 이게 무슨 뜻이야?" AI가 쉬운 말로 풀어서 설명해 줍니다. 모르는 용어가 나오면 AI에게 물어보세요. "지적재산권이 뭐야?", "불가항력이 뭐야?"라고 물어보면 AI가 정의와 예시를 들어 설명해 줍니다.

계약서에 공란이 있으면 채우세요. 날짜, 금액, 부수 같은 것들이 비어 있으면 안 됩니다. 모든 빈칸을 채운 후 서명하세요. 계약서는 두 부 작성하세요. 하나는 출판사가, 하나는 여러분이 보관합니다. 양쪽이 서명하고 날인한 것을 각각 가지세요.

출판사가 "빨리 서명하세요", "다른 분들은 다 읽지 않고 서명합니다"라고 재촉하면 의심하세요. 서두를 이유가 없습니다. "제가 꼼꼼히 읽어보고 싶습니다"라고 말하세요. 계약서를 다 읽고 이해하고 만족스러우면 서명하세요. 그 순간부터 법적 효력이 발생합니다. 신중하게 확신을 갖고 서명하세요.

실전 계약 체크리스트:
저작권, 인세율, 재판 권리 등 핵심 조항

7

계약서는 두껍습니다. 수십 개의 조항이 있습니다. 모든 것을 다 외울 수는 없습니다. 그러나 핵심 조항은 반드시 확인해야 합니다. 이것들을 놓치면 나중에 큰 문제가 될 수 있습니다. 체크리스트를 만들어서 하나씩 확인하세요. 종이에 인쇄해서 계약서를 읽으며 체크해 보세요. 모든 항목에 체크가 되어야 서명합니다.

저작권 조항 체크리스트

저작권이 모두 저자에게 있다고 명시되어 있는가?, 저작인격권이름 표시권, 내용 변경 금지권이 보장되는가?, 저작재산권복제권, 배포권, 2차 저작물 작성권이 모두 저자에게 있는가? 출판사가 어떤 권리도 가져가지 않는가? 계약 종료 후에도 저작권은 저자에게 남는가?

저작권은 타협할 수 없습니다. 조금이라도 저자에게 불리한 조항이 있다면 꼼꼼히 검토하세요. '2차 저작권', '영상화 권리' 이런 조항은 신중히 검토해 보고 출판사와 협의한 후 결정해야 합니다.

비용 조항 체크리스트

총 비용이 명확히 명시되어 있는가?, 부가세 포함 여부가 명확한가?, 지불 일정이 구체적인가?계약금, 중도금, 잔금, "추가 비용이 발생할 수 있다"라는 조항이 없는가?, 추가 작업수정, 재인쇄 비용이 명시되어 있는가?, 환불 조건이 명확한가?

비용은 숫자로 명확해야 합니다. "약 150만 원"이 아니라 "정확히 150만 원"이어야 합니다. 애매한 표현은 나중에 분쟁의 원인이 됩니다.

납기 조항 체크리스트

완성 날짜가 구체적으로 명시되어 있는가?○월 ○일, 중간 단계별 일정이 있는가?편집 완료일, 디자인 완료일 등, 납기 지연 시 처리 방법이 명시되어 있는가?, 지연 시 위약금이나 보상이 있는가?, 불가항력천재지변 등의 정의가 명확한가?

"2~3주 소요"보다는 "계약일로부터 30일 이내, 즉 2025년 3월 15일까지"가 명확합니다. 구체적인 날짜가 있어야 책임을 물을 수 있습니다.

품질 조항 체크리스트

인쇄 사양용지 종류, 무게, 컬러/흑백이 명시되어 있는가?, 제본 방식무선제본, 양장제본 등이 명시되어 있는가?, 표지 재질과 코팅 방식이 명시되어 있는가?, 샘플 제공 여부와 시기가 명시되어 있는가?, 품질 불량 시 기준과 처리 방법이 명시되어 있는가?

"고급 용지"는 애매합니다. "120g 아트지"가 명확합니다. "양장 제본"이 "무선 제본"인지 "사철 제본"인지 구체적으로 명시되어야 합니다.

하자 보수 조항 체크리스트

인쇄 오류 발견 시 무료 재작업이 가능한가?, 제본 불량 발견 시 무료 교환이 가능한가?, 하자 보수 기간이 명시되어 있는가?보통 인수 후 1개월, 저자의 원고 오류와 인쇄소 오류가 구분되어 있는가?, 하자 판정 기준이 명확한가?

인세 조항 체크리스트상업 출판의 경우

인세율이 명확한가?보통 정가의 6~15%, 인세 계산 기준이 명확한가?정가 기준인가, 공급가 기준인가, 인세 지급 시기가 명시되어 있는가?월별, 분기별, 연별, 최소 판매 부수 조건이 있는가?, 무료 제공 부수증정용가 인세에서 제외되는가?

자비 출판이나 POD는 인세가 없을 수 있습니다. 그러나 POD로 계약 시 조건을 달아 판매하면 수익이 생기므로 수익 배분 조건을 확인하세요.

계약 해지 조항 체크리스트

어떤 경우에 계약을 해지할 수 있는가?, 해지 통보 기간이 명시되어 있는가?, 해지 시 환불 조건이 명확한가?, 이미 완료된 작업에 대한 비용 처리가 명확한가?, 위약금 조건이 합리적인가?

기타 중요 조항 체크리스트

계약 당사자갑, 을가 명확한가?, 계약 기간이 명시되어 있는가?, 분쟁 해결 방법이 명시되어 있는가?조정, 중재, 소송, 관할 법원이 명시되어 있는가?, 계약서 작성 일자가 명시되어 있는가?

이 모든 체크리스트를 인쇄해서 계약서 옆에 두고 하나씩 확인하세요. 모든 항목에 체크가 되면 안심하고 서명할 수 있습니다.

계약서 검토는 번거롭습니다. 하지만 꼭 필요합니다. 몇 시간 투자해서 평생 후회를 피할 수 있습니다. 꼼꼼하게 신중하게 확인하세요.

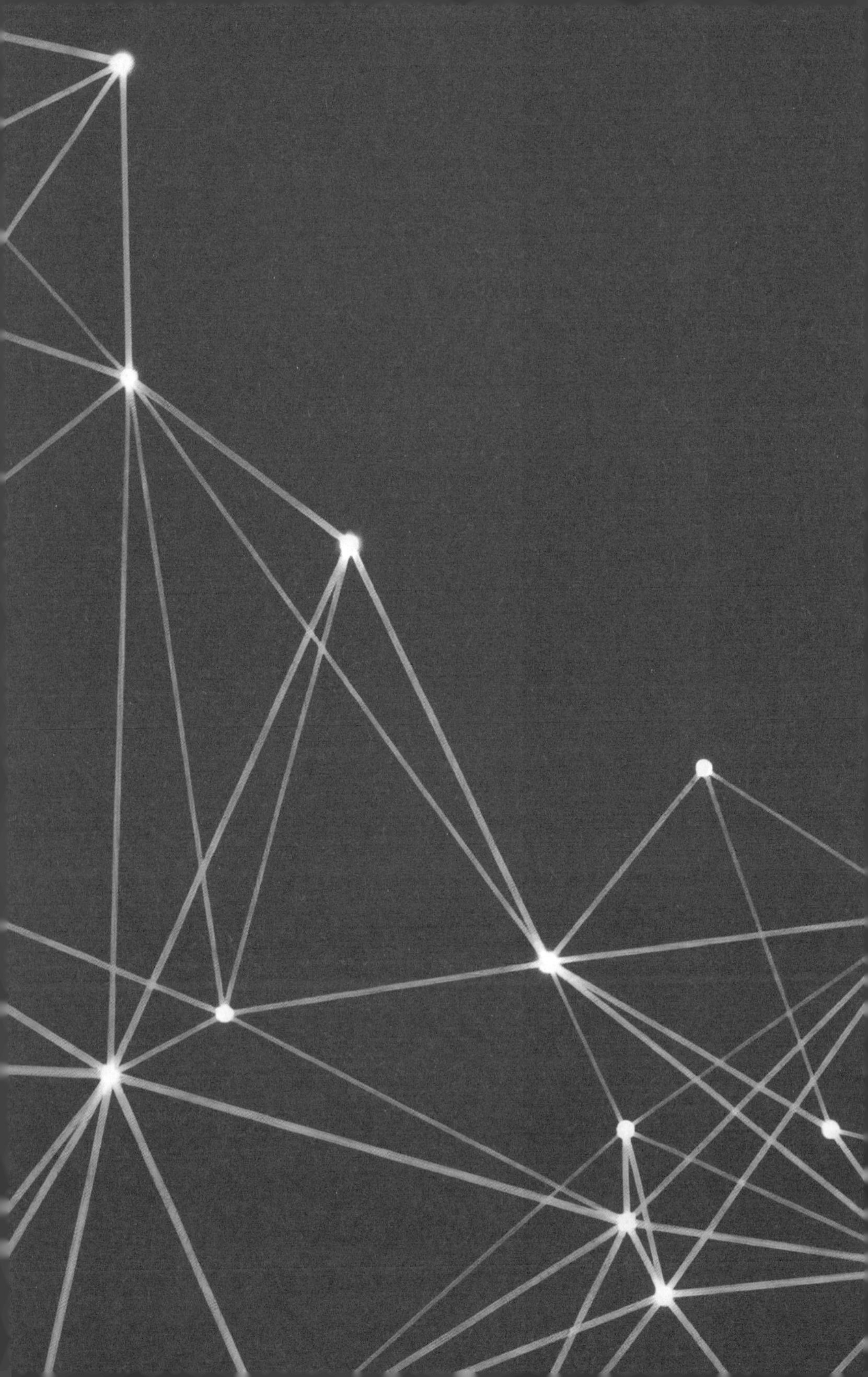

9장

·

Legacy & Sharing

AI 마케팅 비서와 함께 자서전 홍보하기

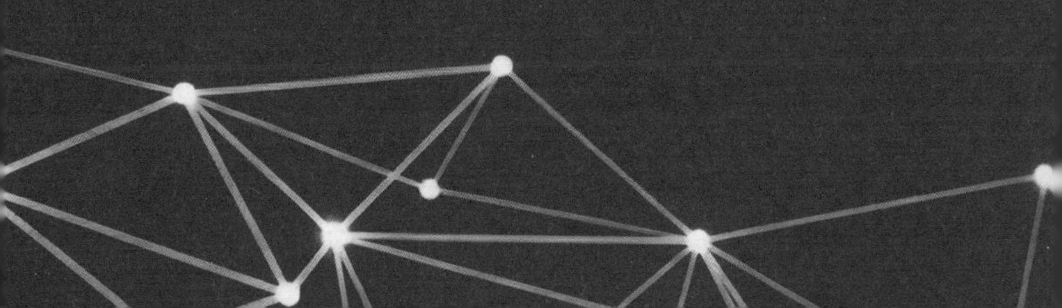

책 표지와 삽화 그리기: 이미지 AI 활용 실무

1

책을 완성했습니다. 이제 세상에 알릴 차례입니다. 그 전에 책의 얼굴을 만들어야 합니다. 표지입니다. 표지는 책의 첫인상입니다. 서점에서, 온라인에서, 누군가, 표지를 보고 '이 책 읽고 싶다' 또는 '별로다' 판단합니다.

좋은 표지는 값어치를 합니다. 아무리 내용이 좋아도 표지가 형편없으면 책을 펼쳐보지 않습니다. 반대로 내용이 평범해도 표지가 아름다우면 관심을 끕니다. 그래서 표지 디자인에 신경 써야 합니다. 전문 디자이너에게 맡기면 가장 좋습니다. 그렇지만 비용이 부담됩니다. 30만~100만 원. 적지 않은 돈입니다. 예산이 부족하면 어떻게 할까요? 직접 만들 수 있습니다. AI의 도움으로요.

요즘 전문 도구를 쓰지 않더라도 GPT에서 초안을 그려달라고 하면 어느 정도 만족할 만한 수준의 표지를 그릴 수 있습니다. ChatGPT나 Gemini로 이미지를 그리는 AI의 솜씨는 놀랍습니다.

여기에서 마음에 맞는 이미지를 본인이 먼저 그린 후 전문가에게 그런 이미지로 그려달라고 하는 것이 가장 무난합니다.

디자인을 전문으로 사용하는 사이트로는 미드저니Midjourney, 달리DALL-E, 스테이블 디퓨전Stable Diffusion 등이 있는데 이 도구들은 텍스트 설명만으로 이미지를 만들어줍니다. "1950년대 시골 마을", "시장 좌판", "노을 지는 서울 풍경". 이렇게 말하면 그림을 그려줍니다. 미드저니가 가장 유명합니다. 품질이 매우 높습니다. 하지만 유료입니다. 월 10달러부터 시작합니다. 영어로 사용해야 하고 디스코드라는 앱을 통해야 해서 조금 복잡합니다.

달리DALL-E는 ChatGPT를 만든 OpenAI의 제품입니다. ChatGPT Plus 구독자월 20달러는 무료로 사용할 수 있습니다. 한국어로 사용할 수 있어 편합니다. 품질도 좋습니다.

빙 이미지 크리에이터는 마이크로소프트가 제공하는 무료 도구입니다. 달리 기반이라 품질이 좋고 완전 무료입니다. 한국어 지원도 됩니다. 예산이 없다면 이것부터 시작하세요.

AI에게 이미지를 요청할 때는 구체적으로 말해야 합니다. "표지 그려줘"보다는 "1950년대 한국 시골 마을, 초가집, 흙길, 석양, 따뜻한 분위기, 수채화 스타일"처럼 상세하게 설명하세요. 여러 번 시도하세요. 첫 번째로 만족스러운 결과가 나오는 경우는 드뭅니다. "조금 더 따뜻하게", "집을 더 크게", "사람을 추가해 줘"처럼 계속 수정 요청하세요. AI는 지치지 않습니다.

AI가 만든 이미지를 그대로 표지로 쓸 수도 있고 기본으로 삼아 디자인 도구로 다듬을 수도 있습니다. Canva나 미리캔버스에서 AI 이미지를 배경으로 넣고 제목과 저자명을 예쁘게 배치하세요.

표지에 일러스트를 넣을 수도 있습니다. 손주가 그림을 잘 그린다면 부탁하세요. “할머니 자서전 표지 그려줄래?” 손주가 그린 그림은 무엇보다 특별합니다. 가족의 사랑이 담긴 표지가 됩니다. 표지 색깔도 중요합니다. 따뜻한 이야기라면 주황, 노랑, 연분홍. 진지한 이야기라면 파랑, 회색, 검정. 희망적인 이야기라면 하늘색, 연두색. 색깔이 분위기를 만듭니다.

여러 버전을 만들어보세요. 다섯 개, 열 개. 가족에게 보여주고 의견을 들으세요. “어느 표지가 가장 마음에 들어?” 투표하세요. 가장 많은 표를 받은 것을 선택하세요. 표지는 앞표지, 책등, 뒤표지, 날개 등으로 이루어집니다. 앞표지와 책등에는 제목과 저자명, 뒤표지에는 책 소개, 날개에는 저자 소개를 넣습니다. 인쇄소에 파일을 줄 때는 이것들을 하나로 연결한 파일이 필요합니다.

AI에게 “책 표지 디자인 템플릿을 만들어줘. 앞표지-등-뒤표지가 연결된 형식으로”라고 요청할 수 있습니다. AI가 기본 틀을 제공하면 거기에 이미지와 텍스트를 채워 넣으세요. 표지를 다 만들었으면 인쇄 테스트를 하세요. 컴퓨터 화면으로 볼 때와 인쇄했을 때는 다릅니다. 색깔이 달라 보이고 크기 감각도 다릅니다. 가정용 프린터로 A4 용지에 출력해 보세요. 실물을 보면 수정할 점이 보입니다.

표지는 여러 번 고칠 수 있습니다. 인쇄하기 전까지는요. 만족스러울 때까지 계속 다듬으세요. 표지는 평생 가는 책의 얼굴입니다. 신중하게 만드세요.

AI코치 - 프롬프트 예시

프롬프트: 표지 디자인 아이디어

자서전 표지 디자인 아이디어를 5가지 제안해 줘.

책 정보: 제목: “시장 할머니의 50년”, 저자: 김순자, 주제: 시장 상인의 삶, 가난 극복

독자: 가족, 시니어

각 아이디어마다: 이미지 콘셉트, 색깔 조합, 레이아웃제목, 이미지 배치, 느낌따뜻한/진지한/희망적인 등 구체적으로 설명해 줘.

표지 트렌드 분석:
시니어 자서전의 효과적인 시각 요소

2

표지 디자인 도구는 배웠습니다. 이제 무엇을 만들지 알아야 합니다. 어떤 표지가 좋은가? 요즘 트렌드는 무엇인가? 시니어 자서전에 맞는 스타일은?

트렌드를 따라가야 하는 것은 아닙니다만 알고는 있어야 합니다. 너무 구식이면 독자가 '오래된 책인가?' 하고 외면할 수 있습니다. 적절히 현대적이면서도 여러분답게 만드는 것이 좋습니다. 최근 시니어 자서전 표지 트렌드를 보면 몇 가지 특징이 있습니다.

첫째, 따뜻한 색감입니다. 주황, 노랑, 연분홍, 베이지. 차갑고 어두운 색보다는 따뜻하고 밝은 색을 많이 씁니다. 시니어 자서전은 대부분 회고와 감사의 이야기이니 따뜻한 색이 잘 어울립니다. 꼭 따뜻한 색일 필요는 없습니다. 진지하고 무거운 이야기라면 파랑, 회색도 좋습니다. 내용에 맞춰 선택하세요.

둘째, 빈티지 감성입니다. 오래된 느낌, 향수를 불러일으키는 디자인. 낡은 사진 효과, 세피아 톤, 손글씨 폰트. 시니어의 삶은 과거와 연결되어 있으니 빈티지 감성이 잘 맞습니다. 그렇다고 해서 너무 낡아 보이면 안 됩니다. 빈티지하되 세련되게. 오래되었지만 아름답게. 그 균형을 찾으세요.

셋째, 실제 사진 활용입니다. 일러스트나 그래픽보다 실제 사진을 쓰는 경우가 많습니다. 저자의 옛날 사진, 가족사진, 장소 사진. 진정성이 느껴지고, 독자가 '진짜 이야기구나' 하고 신뢰합니다. 여러분의 오래된 사진을 표지로 쓰는 것을 고려하세요. 어린 시절 사진, 청년 시절 사진. 흑백이어도 좋습니다. 오히려 흑백이 더 감성적일 수 있습니다.

넷째, 심플한 디자인입니다. 너무 복잡하지 않습니다. 배경 하나, 제목, 저자명. 이 정도로 간단합니다. 장식을 많이 넣으면 산만해 보입니다. 깔끔하고 단순한 것이 오히려 세련됩니다. "Less is more 적을수록 더 좋다." 디자인의 격언입니다. 꼭 필요한 것만 넣고 나머지는 빼세요.

다섯째, 이야기를 암시하는 이미지입니다. 단순히 예쁜 그림이 아니라 시장 상인 이야기라면 시장 사진, 교사 이야기라면 칠판이나 교실, 전쟁 경험담이라면 그 시대를 상징하는 요소가 포함되는 것도 좋습니다. 독자가 표지를 보고 '아, 이런 이야기구나' 짐작할 수 있어야 합니다.

AI에게 트렌드를 물어볼 수 있습니다. "2024~2025년 자서전 표지 디자인 트렌드를 알려줘. 특히 시니어 자서전에 맞는 스타일을." AI가 최신 트렌드를 조사해서 알려줍니다. 트렌드를 맹목적으로 따르지는 마세요. 트렌드는 참고일 뿐입니다. 가장 중요한 것은 여러분의 이야기에 맞는가입니다.

밝고 따뜻한 이야기인데 어둡고 무거운 표지면 안 맞습니다. 진지하고 성찰적인 이야기인데 귀엽고 경쾌한 표지면 어색합니다. 내용과 표지가 일치해야 합니다.

좋은 표지의 조건을 정리하면 다음과 같습니다.

- 한눈에 제목이 보인다.
- 내용을 암시한다.
- 색깔이 조화롭다.
- 너무 복잡하지 않다.
- 인쇄했을 때도 선명하다.
- 여러분답다.

마지막 조건이 가장 중요합니다. 여러분답게. 트렌드를 따르되 여러분의 색깔을 잃지 마세요. 서점에 가서 자서전 코너를 둘러보세요. 어떤 표지가 눈에 띄나요? 어떤 표지가 손이 가나요? 왜 그런가요? 분석하세요. 배울 것이 많습니다.

온라인 서점에서도 베스트셀러 자서전들을 보세요. 표지를 클릭해서 크게 보세요. 어떤 공통점이 있고 어떤 차이점이 있는지 살펴보세요. 표지는 실험할 수 있습니다. 따뜻한 버전, 진지한 버전, 빈티지 버전 등 여러 버전을 만들어보세요. 비교해 보고 가장 좋은 것을 선택하세요.

완벽한 표지는 없지만 충분히 좋은 표지는 있습니다. 80% 만족스러우면 결정하세요. 100%를 찾다가 영원히 못 끝낼 수 있습니다.

AI코치 - 프롬프트 예시

프롬프트: 표지 콘셉트 비교

내 자서전에 어울리는 표지 콘셉트를 3가지 제안해 줘.

책 정보: 주제: 시장 상인 50년, 분위기: 따뜻하고 희망적, 핵심 메시지: 가난을 극복한 이야기

콘셉트 1: 빈티지 감성

콘셉트 2: 현대적이고 심플

콘셉트 3: 따뜻한 일러스트

각 콘셉트마다: 색깔 조합, 이미지 스타일, 폰트 제안, 장단점, 어떤 독자에게 어필하는지 비교 분석해 줘.

홍보 문구 초안 작성: AI에게 타깃 독자 맞춤 카피 요청

3

책과 표지가 완성됐습니다. 어떻게 알릴까요? 무슨 말을 해야 사람들이 관심을 가질까요? 홍보 문구가 필요합니다. 홍보 문구는 광고 카피와 비슷합니다. 짧고 강렬하되 기억에 남아야 합니다. "73세 할머니가 50년 시장 생활을 담은 감동의 이야기", "가난했지만 포기하지 않은 한 여성의 놀라운 인생"과 같은 문구가 독자의 관심을 끕니다.

홍보 문구 쓰기는 어렵습니다. 평생 글을 써도 광고 카피는 다릅니다. 특별한 기술이 필요합니다. 여기서 AI가 도움이 됩니다. AI는 홍보 문구를 잘 씁니다. AI에게 홍보 문구를 요청할 때는 타깃 독자를 명확히 하세요. 누구에게 말하는가? 손주들인가, 같은 세대 시니어인가, 일반 대중인가. 독자에 따라 문구가 달라집니다.

손주들에게 말한다면: "할머니의 인생 이야기, 이제는 알아야 할

때", "손주들에게 전하는 할머니의 삶의 지혜"

같은 세대 시니어에게 말한다면: "우리가 살아온 그 시절, 한 여성의 치열했던 50년", "당신의 이야기이기도 한 한 시대의 기록"

일반 대중에게 말한다면: "가난을 딛고 일어선 평범한 여성의 비범한 이야기", "1950년대생 한 여성이 들려주는 한국 현대사"

AI에게 이렇게 요청하세요: "내 자서전의 홍보 문구를 써줘. 타깃 독자는 30~40대 내 자녀들과 10~20대 손주들. 그들이 관심을 가질 만한 문구로, 10가지 버전."

AI가 열 가지를 제시하면 그중 가장 마음에 드는 것을 고르세요. 또는 여러 개를 조합하세요. AI의 문구를 그대로 쓰지 말고 여러분의 말투로 조금 바꾸세요.

홍보 문구는 길이에 따라 여러 버전이 필요합니다.

한 줄 문구SNS/포스터용: "73세 할머니의 50년 시장 인생, 눈물과 웃음의 기록"

짧은 문구2~3줄, 전단지용: "가난했지만 행복했고 힘들었지만 포기하지 않았습니다. 1952년생 한 여성이 들려주는 감동의 인생 이야기."

긴 문구100~200단어, 온라인 서점 소개용: 앞에서 만든 책 소개와 비슷합니다.

AI에게 각 길이별로 요청하세요. "한 줄짜리 5개, 3줄짜리 3개, 긴 버전 2개 만들어줘."

홍보 문구에는 핵심 요소가 들어가야 합니다.

감정: 독자의 마음을 움직이는 감정 단어. "감동", "눈물", "희망", "용기", "사랑"

구체성: 추상적이지 않고 구체적으로. "한 여성의 이야기"보다 "73세 시장 할머니의 이야기"

호기심: 계속 읽고 싶게 만드는 요소. "놀라운", "비범한", "당신이 몰랐던"

공감: 독자가 자신의 이야기처럼 느끼게. "우리 모두의 이야기", "당신의 어머니, 할머니의 이야기"

행동 유도: 독자에게 행동을 요청. "지금 읽어보세요", "가족과 함께 나누세요"

AI는 이런 요소들을 잘 조합합니다. 때로는 과장할 수 있습니다. "역사상 가장 감동적인", "전 국민이 읽어야 할" 같은 표현은 지나칩니다. 적당히 조절하세요.

진실성이 가장 중요합니다. 과장하지 마세요. '베스트셀러'도 아닌데 '베스트셀러'라고 하면 안 됩니다. "수백만 명이 감동했다"는 표현이 거짓이면 안 됩니다. 진실하게 있는 그대로 표현하세요. 홍보 문구는 테스트하세요. 가족에게 보여주고 반응을 보세요. "이 문구를 보면 책을 읽고 싶어져?" 솔직한 답을 들으세요. 반응이 좋지 않으면 수정하세요.

여러 버전을 만들어 A/B 테스트할 수도 있습니다. SNS에 두 가지 버전을 올리고 어느 것이 더 많은 반응을 받는지 보세요. 반응이 좋은 것을 메인 문구로 쓰세요. 홍보 문구는 계속 진화합니다. 처음 만든 것이 완벽할 필요는 없습니다. 사용하면서 반응을 보고 계속 개선

하세요. 더 좋은 문구가 떠오르면 바꾸세요.

AI코치 – 프롬프트 예시

프롬프트: 길이별 홍보 문구

다음 책의 홍보 문구를 길이별로 만들어줘:

책: 시장 상인으로 살아온 50년 이야기

1. 초단문10~15자, 해시태그용 예: #할머니의인생이야기 5개 버전
2. 한 줄20~30자, SNS/포스터용 5개 버전
3. 짧은 문구2~3줄, 전단지용 3개 버전
4. 긴 문구100~200단어, 블로그용 2개 버전, 감동적이고 호기심을 자극하는 문구로.

AI 활용 홍보 전략 짜기: 블로그, SNS, 보도자료 배포 채널 찾기 4

홍보 문구를 만들었습니다. 이제 어디에 써야 할까요? 어떻게 사람들에게 알릴까요? 홍보 전략이 필요합니다. '홍보 전략'이라고 하면 거창하게 들립니다. 그렇지만 간단합니다. 누구에게, 어디서, 무엇을, 어떻게 알릴 것인가. 이 네 가지만 정하면 됩니다.

누구에게: 타깃 독자. 가족인가, 친구인가, 지역 주민인가, 불특정 다수인가.

어디서: 채널. 블로그인가, SNS인가, 지역 신문인가, 도서관인가.

무엇을: 메시지. 홍보 문구, 책 소개, 저자 이야기.

어떻게: 방법. 글로 쓰는가, 사진을 올리는가, 영상을 만드는가.

AI에게 홍보 전략을 요청하세요. "내 자서전을 홍보할 전략을 세워줘. 타깃은 가족과 지역 주민, 예산은 거의 없음, 온라인과 오프라인 모두 활용." AI가 체계적인 전략을 제시합니다. 단계별로, 채널별로. 여러분은 그것을 참고해서 실행하면 됩니다.

온라인 홍보 채널

블로그: 네이버 블로그, 티스토리, 브런치. 무료이고 시니어도 쉽게 쓸 수 있습니다. 블로그에 책 소개, 집필 과정, 에피소드를 올리세요. 사진도 함께 올리면 좋습니다. 검색되면 사람들이 찾아옵니다.

페이스북: 시니어 세대에게 가장 친숙한 SNS입니다. 페이스북 페이지를 만들고 책 소개를 올리세요. 친구들에게 공유를 부탁하세요. 지역 커뮤니티 그룹에도 올리세요.

인스타그램: 젊은 세대가 많이 씁니다. 손주들이 쓰니까요. 표지 사진, 책 속 사진, 저자 사진을 올리세요. 해시태그를 활용하세요. #자서전 #할머니이야기 #시니어작가

유튜브: 영상을 만들 수 있다면 유튜브도 좋습니다. 책 소개 영상, 저자 인터뷰 영상 등을 올리세요. 가족이 촬영을 도와줄 수 있습니다. 스마트폰만 있으면 됩니다.

온라인 서점: 교보문고, YES24, 알라딘. POD로 출판했다면 자동으로 등록됩니다. 서점 페이지를 꾸미세요. 상세 소개, 저자 소개, 목차를 정성껏 작성하세요.

오프라인 홍보 채널

지역 도서관: 책을 기증하세요. 그리고 도서관에 '저자와의 만남'

행사를 제안하세요. 많은 도서관이 지역 작가를 지원합니다.

지역 신문: 보도자료를 보내세요. "○○동 출신 73세 할머니, 자서전 출간." 지역 신문은 지역 소식에 관심이 많습니다. 기사화될 가능성이 높습니다.

노인 복지관: 많은 시니어가 모이는 곳입니다. 복지관에 책을 기증하거나 강연을 제안하세요. '자서전 쓰기 경험담'을 공유하면 다른 분들에게도 도움이 됩니다.

교회, 성당, 절: 종교 공동체도 좋은 채널입니다. 교인들에게 알리고 회원 소식지에 소개를 부탁하세요.

친목 모임: 동창회, 동호회, 자원봉사 등 여러분이 속한 모든 모임에 알리세요. 입소문이 가장 강력한 홍보입니다.

AI에게 채널별 콘텐츠를 요청할 수 있습니다. "페이스북에 올릴 책 소개 글을 써줘. 300단어, 감동적이고 공유하고 싶게", "인스타그램 캡션을 써줘. 짧고 해시태그 포함."

AI가 각 채널에 맞는 형식과 톤으로 글을 써줍니다. 페이스북은 조금 길고 따뜻하게, 인스타그램은 짧고 경쾌하게 작성해 줍니다.

보도자료도 AI에게 요청하세요. "지역 신문에 보낼 보도자료를 써줘. 73세 할머니의 자서전 출간 소식, 500단어, 기자가 관심을 가질 만하게." AI가 보도자료 형식에 맞춰 작성해 줍니다. 제목, 부제, 본문, 저자 소개, 연락처 등을 포함하여 완성된 보도자료를 지역 신문 편집국에 이메일로 보내세요.

홍보는 꾸준함이 중요합니다. 한 번 올리고 끝이 아닙니다. 일주일에 한 번씩, 한 달에 두세 번씩, 계속 알리세요. 사람들은 금방 잊어버립니다. 반복해서 상기시켜야 합니다. 그렇다고 스팸처럼 하지는 마세요. 같은 내용을 매일 올리면 사람들이 싫어합니다. 오늘은 책 소개, 내일은 집필 후기, 모레는 독자 후기 등 다양한 각도와 다양한 내용으로 올리세요.

효과가 없는 채널은 과감히 포기하세요. 인스타그램에 반응이 없으면 거기에 시간 쓰지 마세요. 효과 있는 채널에 집중하세요. 홍보는 부담스러울 수 있습니다. '내가 홍보를 해야 하나?' 싶을 수 있습니다. 하지만 여러분의 이야기를 세상에 알리는 것은 의미 있는 일입니다. 부끄러워하지 마세요. 자랑스럽게 알리세요.

AI코치 – 프롬프트 예시

프롬프트: 홍보 전략 수립

내 자서전 홍보 전략을 세워줘.

상황: 1) 타깃: 가족 50명 + 지역 주민

2) 예산: 거의 없음 무료 채널 활용

3) 기간: 출간 후 1개월

4) 저자: 73세, SNS 초보

채널: 1) 온라인: 블로그, 페이스북, 인스타그램

2) 오프라인: 지역 도서관, 복지관, 지역 신문

구체적인 행동 계획을 주차별로1주차, 2주차, 3주차, 4주차, 채널별로, 해야 할 일을 단계적으로 실행 가능하게 만들어줘.

언론 보도자료 작성과 배포: 실전 템플릿

5

SNS는 온라인 홍보입니다. 하지만 오프라인 홍보도 중요합니다. 특히 지역 언론은 시니어 자서전에 관심이 많습니다. "○○구 출신 73세 할머니, 자서전 출간"과 같은 소식은 지역 신문의 좋은 기삿거리입니다. 어떻게 신문에 나갈까요? 기자가 알아서 찾아오지 않습니다. 여러분이 알려야 합니다. 보도자료를 보내는 것입니다.

보도자료는 기자에게 보내는 공식 문서입니다. "이런 뉴스가 있습니다. 기사로 써주세요"라고 요청하는 것입니다. 형식이 있습니다. 형식에 맞춰 쓰면 기자가 관심을 갖습니다. 이 언론 보도자료는 출판사의 책자 홍보 시에도 유용하게 활용되기도 하기 때문에 중요합니다. AI가 작성한 보도자료를 기본으로 하고 여러분의 구체적인 정보를 더하세요.

보도자료는 단순히 홍보용 글이 아닙니다. 기자들이 바쁜 시간 중에도 읽어보고 싶어 할 만큼 뉴스 가치가 있는 문서여야 합니다. 지역 언론에서 가장 관심 있어 하는 것은 지역 주민의 특별한 이야기입니다.

제목과 부제목 작성법

제목은 한 줄로 핵심을 전달해야 합니다. "○○구 73세 김순자 씨, 50년 시장 인생 담은 자서전 출간"처럼 구체적인 나이와 직업, 거주 지역을 명시하세요. 부제목으로 "6·25 전쟁 체험부터 현재까지… 평범한 할머니의 파란만장 인생기" 같이 내용을 보충합니다.

리드 문단 작성법

첫 번째 문단이 가장 중요합니다. 육하원칙에 따라 누가저자, 언제출간일, 어디서거주지, 무엇을자서전 출간, 왜집필 동기, 어떻게AI 활용 등를 압축해서 담아야 합니다. "서울 강남구에 거주하는 김순자73세 씨가 지난달 자신의 일생을 담은 자서전 『꽃길만 걷지 않았지만』을 출간했다. 김 씨는 6·25 전쟁을 겪고 50년간 재래시장에서 생계를 이어온 평범한 할머니지만 최신 AI 기술을 활용해 자신만의 이야기를 책으로 펴냈다."

본문과 인용구 활용법

본문에서는 저자의 구체적인 배경과 책의 내용을 2~3문단으로 설명합니다. 가장 중요한 것은 저자의 직접 발언을 인용구로 넣는 것입니다. 기자들은 살아있는 인용구를 좋아합니다.

"김 씨는 '처음에는 글쓰기가 너무 어려웠는데 AI가 내 말을 정리해 주니 신기했다'며 '요즘 젊은 사람들이 부러웠는데 나도 이런 기술을 쓸 수 있어서 뿌듯하다'고 말했다."

뉴스 가치 강조법

지역 언론이 관심 가질 만한 뉴스 가치를 부각시켜야 합니다. 단순히 책을 냈다는 것보다는 고령자의 디지털 기술 활용AI 사용, 역사의 산증인, 특별한 경험, 세대 간 소통의 의미, 평범한 사람의 특별한 도전 같은 관심을 가질만한 기삿거리를 같이 제공하는 것이 좋습니다. 이런 관점에서 접근하면 기자의 관심을 끌 수 있습니다.

AI코치 – 프롬프트 예시

프롬프트: 보도자료 작성

지역 신문용 보도자료를 작성해 줘:

저자 정보: 1) 이름: 김순자73세

2) 거주지: 서울 ○○구

3) 경력: 시장 상인 50년

책 정보: 1) 제목: 시장 할머니의 50년

2) 내용: 가난 극복, 자녀 교육, 시장 인생

3) 특징: 200페이지, 사진 20장

출간 정보: 1) 출간일: 2025년 3월 1일

2) 출판사: ○○출판사

보도자료 형식: 제목/부제, 리드 문단육하원칙, 본문2~3문단, 인용구저자의 말, 배경 정보, 문의처, 기자가 관심 가질 만하게, 뉴스 가치를 강조해서.

커뮤니티와 시니어 대상 강연 기획: 강연 자료 AI에게 요청 6

책을 홍보하는 가장 효과적인 방법은 직접 만나는 것입니다. 독자를 직접 만나 이야기하고 책을 소개하고 질문에 답하는 것입니다. 강연이나 북토크가 바로 그것입니다. '나는 강연 같은 거 못 해요'라고 생각할 수 있습니다. 그다지 어렵지 않습니다. 수백 명 앞에서 할 필요도 없습니다. 10~20명, 친근한 분위기에서 여러분의 이야기를 나누는 것입니다. 차 마시며 이야기하는 것과 비슷합니다.

어디서 할 수 있을까요?

노인 복지관: 가장 적합한 곳입니다. 많은 시니어가 모입니다. 복지관에 연락해서 '자서전 쓰기 경험담을 나누고 싶다'고 제안하세요. 대부분 환영합니다.

도서관: 지역 도서관은 "저자와의 만남" 프로그램을 자주 운영합니다. 도서관 사서에게 문의하세요. 무료로 공간을 제공하고, 홍보도

도와줍니다.

문화센터: 백화점이나 구청 문화센터에서도 문화 강좌를 운영합니다. “자서전 쓰기” 강좌의 게스트로 초대받을 수 있습니다.

교회, 성당, 절: 종교 공동체도 좋은 장소입니다. 신도들을 대상으로 간증이나 강연 형식으로 이야기할 수 있습니다.

동창회, 동호회: 여러분이 속한 모임에서 발표하세요. 친구들 앞에서 하니 덜 긴장됩니다.

강연 제목을 정하세요. “자서전 출간 후기”, “평범한 사람도 책을 쓸 수 있다”, “50년 시장 인생 이야기”, “AI와 함께 자서전 쓰기” 등 흥미를 끄는 제목이 좋습니다. 강연 시간은 30분~1시간이 적당합니다. 너무 길면 지루하고 너무 짧으면 아쉽습니다. 40~50분 말하고 10~20분 질의응답 시간을 갖는 것이 좋습니다. 강연 내용을 구성하세요. AI에게 도움을 요청할 수 있습니다. “40분 강연 구성을 만들어줘. 주제는 ‘자서전 쓰기 경험담’. 시니어 청중 대상.”

강연 자료를 준비하세요. PPT나 프레젠테이션이 있으면 좋습니다. 하지만 없어도 됩니다. 책을 들고 가서 보여주는 것만으로도 충분합니다. AI에게 PPT 자료를 요청할 수 있습니다. “강연용 PPT 내용을 만들어줘. 15장 분량. 각 슬라이드마다 제목과 핵심 내용.” AI가 각 슬라이드의 내용을 텍스트로 제공하면 여러분이 PowerPoint나 Canva에서 시각화하세요. 사진을 넣고, 큰 글씨로 써 깔끔하게 만드세요.

강연 연습을 하세요. 가족 앞에서 리허설하세요. 시간을 재보세요. 40분이 목표인데 20분밖에 안 되면 내용을 더 추가하세요. 1시간이 넘으면 줄이세요. 가족에게 피드백을 받으세요. "어떤 부분이 좋았어?", "어떤 부분이 지루했어?", "더 설명이 필요한 부분은?"에 대한 피드백을 반영해서 개선하세요.

책을 여러 권 가져가세요. 강연 후 관심 있는 분들에게 판매하거나 증정할 수 있습니다. 사인도 준비하세요. 책에 이름을 써드리고 짧은 메시지를 쓰세요.

강연 중에 긴장되면 어떻게 하나요? 심호흡하세요. 물을 한 모금 마시세요. 청중을 보세요. 적대적인 사람은 없습니다. 모두 여러분의 이야기를 듣고 싶어 온 사람들입니다. 실수해도 괜찮습니다. "죄송합니다, 다시 말씀드리겠습니다"라고 하고 계속하세요. 완벽할 필요 없습니다. 진정성이 더 중요합니다.

질의응답 시간은 소중합니다. 질문에 성실히 답하세요. 모르는 것은 "잘 모르겠습니다"라고 솔직히 말하세요. 거짓으로 답하지 마세요. 질문이 없으면? 여러분이 먼저 "이런 질문을 많이 받는데요"라며 자주 묻는 질문을 소개하고 답하세요. 그러면 다른 질문이 나옵니다.

강연 후 명함이나 연락처를 나눠주세요. 관심 있는 분들과 계속 소통할 수 있습니다. 이메일 리스트를 만들어서 나중에 소식을 보낼 수도 있습니다.

사진을 찍으세요. 강연 장면, 청중과 함께. 이 사진들을 SNS에 올리세요. "오늘 ○○복지관에서 강연했습니다. 감사합니다!" 기록이자 홍보입니다. 강연은 한 번으로 끝나지 않습니다. 첫 강연이 성공하면 다른 곳에서도 초대합니다. "저희 복지관에서도 와주실 수 있나요?" 강연 요청이 들어옵니다.

강연을 통해 자신감이 생깁니다. '나도 할 수 있구나', '사람들이 내 이야기를 듣고 싶어 하는구나'라는 그 자신감이 인생을 더 풍요롭게 만듭니다. 무엇보다 보람이 있습니다. 강연 후 다가와서 "감동받았습니다", "저도 자서전을 써볼게요"라고 말하는 사람들. 그들에게 영감을 준 것입니다. 그것이 가장 큰 보상입니다.

AI코치 – 프롬프트 예시

프롬프트: 강연 구성

시니어 대상 강연 구성을 만들어줘.

주제: 자서전 쓰기 경험담

시간: 40분 + 질의응답 20분

청중: 60~70대 시니어 20~30명

장소: 노인 복지관

구성: 도입자기소개, 동기, 본론집필 과정, AI 활용, 어려움과 극복, 결론느낀 점, 메시지, 질의응답

각 파트마다: 소요 시간, 주요 내용, 전달할 핵심 메시지, 활용할 사진/자료, 구체적이고 실행 가능하게

출간 기념회를 '한국형 생전 장례식' 콘셉트로 기획하는 방법 7

자서전 출간은 인생의 큰 이정표입니다. 축하할 만한 일입니다. 출간 기념회를 열어보는 것은 어떨까요? 가족과 친구들을 초대해서 함께 기쁨을 나누는 자리입니다. 단순한 파티가 아니라 더 의미 있게 만들 수 있습니다. '생전 장례식' 콘셉트를 더하는 것입니다.

생전 장례식이란 살아 있을 때 자신의 장례식을 미리 치르는 것입니다. 죽음을 준비하는 의식이자 삶을 돌아보고 정리하는 시간입니다. 요즘 시니어들 사이에서 조금씩 퍼지고 있는 문화입니다.

'왜 장례식을?'이라고 생각할 수 있습니다. 부정적인 것이 아닙니다. 오히려 긍정적입니다. 생전 장례식이 부담되고 어색하다면 '생전 이별식'이나 '아름다운 이별식' 같은 부드러운 명칭을 써도 좋습니다. 결론은 지금까지의 삶을 정리하고 감사를 표하고 앞으로 남은 삶을 새롭게 시작하는 의식입니다. 자서전 출간 기념회와 생전 장례식을 결합하면 어떨까요? 책으로 인생을 정리했으니 그것을 기념하며 삶을 돌아보는 자리. 가족과 친구들에게 감사를 전하고 사랑을 확인하는 시간을 갖는 데 의미가 있습니다.

출간 기념회 + 생전 장례식 기획

1단계: 콘셉트 정하기

전통적인 장례식을 그대로 하는 것은 아닙니다. 분위기는 밝고 따뜻하게. 슬픔보다는 감사와 축하. '지금까지 살아온 삶을 축하하고 앞으로 살아갈 삶을 응원하는 자리'입니다.

AI에게 콘셉트 아이디어를 물어보세요. "출간 기념회와 생전 장례식을 결합한 행사 콘셉트를 제안해 줘. 따뜻하고 의미 있게."

2단계: 장소와 날짜

장소는 조용하고 의미 있는 곳이 좋습니다. 집, 레스토랑 개인실, 교회나 성당 홀, 노인 복지관, 공원 야외 공간 등 30~50명 정도 수용할 수 있는 곳. 날짜는 가족들이 모두 모일 수 있는 날로, 주말이 좋습니다. 2~3개월 전에 날짜를 정하고 초대장을 보내세요.

3단계: 초대

초대장을 만드세요. AI에게 요청할 수 있습니다. "출간 기념회 겸 생전 장례식 초대장 문구를 써줘. 따뜻하고 진지하면서도 밝게."

4단계: 프로그램 구성

2~3시간 정도의 프로그램을 만드세요.

14:00~14:30 입장 및 환담

14:30~14:40 개회사

14:40~15:00 저자의 말

15:00~15:30 가족의 편지

15:30~16:00 친구들의 추억

16:00~16:30 다과 및 자유 대화

16:30~17:00 폐회

5단계: 특별한 요소

추모 코너: 돌아가신 부모님, 배우자, 친구들을 추모하는 작은 공간. 사진을 놓고 꽃을 바칩니다.

메모리 북: 방명록 대신, 참석자들이 여러분에게 메시지를 쓰는 책. 나중에 소중한 기록이 됩니다.

영상 상영: 여러분의 인생을 담은 짧은 영상. 옛날 사진들을 모아 5~10분 영상으로 만듭니다.

책 증정: 참석자들에게 자서전을 한 권씩 증정합니다. 사인도 해드립니다.

헌화: 참석자들이 살아 있는 여러분에게 직접 꽃을 드리는 것입니다.

유언遺言 대신 '남기고 싶은 말': 자녀와 손주들에게 마지막으로또는 지금 하고 싶은 말을 합니다. 훈계가 아니라 사랑과 격려의 메시지로.

6단계: 비용과 준비

비용은 규모에 따라 다릅니다. 집에서 간단히 하면 50만~100만 원. 레스토랑을 빌리고 식사를 제공하면 200만~500만 원. 가족과 상의해서 예산을 정하세요. 가족이 분담할 수도 있습니다. “어머니 출간 기념회 비용은 우리가 낼게요” 하면서 자녀들이 제안할 수 있습니다. 준비는 한 달 전부터 시작하세요. 장소 예약, 초대장 발송, 프로그램 구성, 영상 제작. 체크리스트를 만들어 하나씩 해결하세요.

7단계: 사후 감사 인사

행사 후 감사 메시지를 보내세요. 참석해 준 모든 분들에게 이메일이나 문자로 감사를 전하세요. 메모리 북을 정리해서 소중히 보관하세요. 때때로 꺼내 읽으면 힘이 됩니다. 출간 기념회 겸 생전 장례식은 인생의 전환점이 될 수 있습니다. 과거를 정리하고 현재를 축하하고 미래를 새롭게 시작하는 의식입니다.

‘이제 책도 냈고 감사도 다 전했으니 앞으로는 더 자유롭게 살아야지’ 하는 마음이 생깁니다. 짐을 내려놓고 가벼워지는 느낌입니다. 가족에게도 의미가 큽니다. 살아 계실 때 감사를 전하고 사랑을 확인하는 기회입니다. 돌아가신 후가 아니라 지금, 함께 있을 때가 더 소중합니다.

AI코치 – 프롬프트 예시

프롬프트: 초대장 문구

출간 기념회 겸 생전 장례식 초대장 문구

톤: 따뜻하고 진지하지만 밝게

목적: 축하 + 감사 + 정리

대상: 가족과 오랜 친구들

포함 내용: 행사 취지, 일시, 장소, 드레스 코드편안하게, 준비물없음, 마음만, RSVP 안내 3가지 버전격식/반격식/편안

7순에 출판기념회 겸 생전 고별식을 치른 유중희 작가

2023년 10월 안양의 '마벨리에'에서 열린 유중희 작가의 생전 고별식 신문기사를 보고 나는 가슴이 뭉클했습니다. 평소 생전 장례식에 관심이 많았던 나에게 이 소식은 특별한 의미로 다가왔습니다. 70세, 칠순을 맞아 100여 명의 지인들 앞에서 "제가 죽기 전에 오늘이 마지막인 분들도 계시리라 믿습니다"라고 말했다는 이야기였습니다. 그것도 자신의 신간 『당신도 바보로군!』 출판기념회와 함께 말이지요.

나는 얼마 후 유중희 작가를 직접 만날 기회를 가졌습니다. 그분을 만나 생전 고별식을 치른 경위와 소감을 직접 들을 수 있었습니다. 그때의 대화가 아직도 생생합니다. "사실 처음엔 가족들이 말렸어요. 너무 이상하다고, 사람들이 어떻게 생각할지 모른다고 하더라고요." 유 작가는 차 한 잔을 마시며 담담하게 말했습니다. "하지만 정말 마지막일 수도 있는 분들과 살아서 인사하고 싶었어요. 죽고 나서 찾아오시면 제가 뭘 할 수 있겠어요?"

유 작가의 솔직한 고백을 들으며 나는 더욱 감동받았습니다. "제가 죽으면 여러분들에게 연락이 가지 않을 것이지만 49제를 마치고 제 자식이 '49일 전에 부친이 하늘나라로 여행을 떠났다'고 알려드릴 것입니다." 이 말을 직접 들으며 나는 그분의 꼼꼼함에 감탄했습니다. 죽음 이후의 일까지 미리 준비해 놓는 세심함이라니. 마지막까지 다른 사람들을 배려하는 마음이 느껴졌습니다.

"생전 고별식을 하고 나니까 마음이 한결 가벼워졌어요." 유 작가의 소감이 인상적이었습니다. "고마운 분들께 직접 인사도 드리고 하고 싶었던 말씀도 다 드렸으니까요. 이제 정말 언제 떠나도 후회가 없을 것 같아요."

유중희 작가의 생전 고별식은 고정관념에 도전장을 내민 것 같았습니다. 죽음을 두려움과 슬픔의 대상이 아니라 삶의 자연스러운 마무리이자 감사와 축하의 시간으로 바꿔놓은 것입니다. 관에 누워 아무 말도 할 수 없는 전통적 장례식과는 완전히 다른 모습이었습니다.

무엇보다 인상 깊었던 것은 출판기념회와 고별식을 함께 열었다는 점입니다. 70세에 새 책을 낸다는 것 자체가 대단한데, 그것을 자신의 생전 고별식과 연결시키다니. 책이라는 형태로 자신의 삶과 생각을 남기고 그것을 기념하는 자리에서 사람들과 작별 인사를 나누는 것. 얼마나 의미 있는 일인가요?

그분과의 만남을 통해 나는 깨달았습니다. 죽음을 준비한다는 것은 단순히 유언장을 쓰거나 묫자리를 정하는 것이 아니라는 것을. 진짜 준비는 자신의 삶을 정리하고 감사할 사람들에게 고마움을 전하면서 나누고 싶은 이야기를 나누는 것이라는 것을.

AI로 뚝딱
자서전 쓰기 도전